5分でできる
にほんご
音の聞きわけトレーニング

宮本典以子・大﨑伸城 著
スリーエーネットワーク

©2011 by Miyamoto Teiko and Osaki Nobushiro

All rights reserved. No part of this publication may be reproduced, stored in a retrieval system or transmitted in any form or by any means, electronic, mechanical, photocopying, recording, or otherwise, without the prior written permission of the Publisher.

Published by 3A Corporation.
Trusty Kojimachi Bldg., 2F, 4, Kojimachi 3-Chome, Chiyoda-ku, Tokyo 102-0083, Japan

ISBN978-4-88319-581-7 C0081

First published 2011
Printed in Japan

この本を使う方へ

　この本では、日本語の音を聞く練習、特に、似ている音を聞きわける練習をします。1回5分ほどの短い時間で練習でき、授業でも、一人でCDを聞いても使うことができます。

　この本は、日本語を初めて学習する人も楽しく練習できます。練習はすべてローマ字がついていて、かなが読めない人も使うことができます。

　また、日本語中上級レベルの人も楽しく練習できると思います。練習の文は、「よく聞くとおもしろい！」というものにしました。楽しみながら、くりかえし練習できるようになっています。

使い方

1. トライアル
　練習の例が2、3問あります。まず、聞いてみてください。違いがわかりますか。

2. ウォーミングアップ
　練習に出てくる言葉です。意味がわからない言葉は、「ことばのリスト」で確認しましょう。

3. れんしゅう
　「ウォーミングアップ」の言葉を聞きわける練習をします。(一部、それ以外の言葉の練習もありますが、これらの言葉も「ことばのリスト」に入っています。)
　Ⅱでは短い文を聞いて、(　)に言葉を書きます。できる人は文全体を書いてもいいです。

4. まとめ
　4つまたは5つの課の内容をまとめて練習します。最後に、1課から16課全部のまとめがあります。この「まとめ」で苦手なところが確認できます。

　この本が、皆さんの役に立つことを心から願っています。

2011年9月　著者

指導される先生方へ

授業のヒント

1. 教師の声で練習することもできます。

　　その場合、答えを随時変えることができます。学習者のレベルに合わせて工夫してみてください。

　　例えば、各課の「れんしゅう」の中の「かきましょう」の答えは、ＣＤの正解では、提示されたミニマルペアのうち、原則として「ききましょう」で扱わなかった方が選ばれています。教師の声で練習する場合は、日替わりにしてみるなど、自由に変えることができます。

2. 「れんしゅう」のミニマルペアは、アクセントも揃えてあります。

　　先生方の声で出題されるときの参考にしてください。

3. 学習者のレベルに応じて練習を変えられます。

　　各課の「れんしゅう」にはいろいろな形式の問題があります。また、「Ⅱ．きいて、かきましょう」は、Ⅰよりやや難しいので、以下のように若干練習内容を変更することも可能です。

＜学習者のレベルが低い場合＞
・「二つの語のどちらを言っていますか。」等、練習の形をシンプルなものに統一する。
・一度目は、「Ⅱ．きいて、かきましょう」はやらず、Ⅰだけにする。すべて終わったら、１課に戻り、「Ⅱ．きいて、かきましょう」も含めて練習する。

＜学習者のレベルが高い場合＞
・「トライアル」や「ウォーミングアップ」は省略してもよい。
・「Ⅱ．きいて、かきましょう」を、全文の書き取りにする。
・「まとめ」から始めて、苦手なところだけ各課の練習に戻る。

4．苦手な課の扱い方

　　苦手なところばかり練習していると自信をなくすことがあります。その場合、一度他の課の練習にすすみ、しばらくしてまた苦手な課の練習に戻ってください。

5．補足の部分は必要に応じて扱ってください。

　　「トライアル」の下にある「いいましょう」「きをつけましょう」「くらべましょう」は口慣らしの練習や補足情報です。学習者のレベルやクラスの状況を考慮して、必要に応じて扱ってください。

各課のポイント

はじめるまえに

　　拍の練習として提示している言葉を、学校の名前や住んでいる町の名前など、学習者の身近なものに置き換えて練習することもできます。(「沖縄」「北海道」など)

1　あいうえお（母音）

　　言葉の中の母音が確認できたかどうかの練習です。ここでは言葉の中の子音は問題にしていません。あくまでも母音は何かを確認させてください。

2　「いきません」と「いけません」（[i] と [e]）

　　[i] と [e] は音が近い母音で、聞きわけが難しい場合がありますので、注意が必要です。

3　「ねる」と「ねろ」（[u] と [o]）

　　[u] と [o] は音が近い母音で、聞きわけが難しい場合がありますので、注意が必要です。

4　「じょし」と「じょうし」（長母音）

　　母音が長くなると、拍の数も増えることに注意が必要です。(「じょし」は2拍（♪♪）、「じょうし」は3拍（♪♪♪）です。)

v

5　「おと」と「おっと」（促音）

　　「っ」も1拍ですので、「おと（♪♪）」は2拍、「おっと（♪♪♪）」は3拍になります。この課では、「っ」があるかないか、また、どこに入っているかに注意して練習してください。

6　「か」と「が」（［k］と［g］）

　　［k］と［g］の音の違いは、［k］：無声（のどがふるえない）　［g］：有声（のどがふるえる）です。息が出ている（有気）か、出ていない（無気）かの区別ではないので、注意が必要です。

7　「えと」と「えど」（［t］と［d］）

　　［t］と［d］の音の違いは、［t］：無声（のどがふるえない）　［d］：有声（のどがふるえる）です。息が出ている（有気）か、出ていない（無気）かの区別ではないので、注意が必要です。

8　「パリ」と「バリ」（［p］と［b］）

　　［p］と［b］の音の違いは、［p］：無声（のどがふるえない）　［b］：有声（のどがふるえる）です。息が出ている（有気）か、出ていない（無気）かの区別ではないので、注意が必要です。

9　「かでん」と「かねん」と「かれん」（［d］と［n］と［r］）

　　［d］・［n］・［r］は、調音点が近い（歯茎のあたり）有声音であるため、音の聞きわけや発音の区別が難しい音です。この3つの音の違いは、破裂音（d）、鼻音（n）、はじき音（r）という点にあります。

10　「はし」と「はち」（「shi」と「chi」）

　　「し」と「ち」は、調音点が近いため、発音も聞き取りも難しい音です。また、「し」と「ひ」も、調音点が近いため、東京では「ひ」が「し」に、逆に西日本では「し」が「ひ」に変わる場合があります。（「きをつけましょう」参照）

11「きぞく」と「きんぞく」（撥音）

　「ん」も1拍ですので、「きぞく（♪♪♪）」は3拍、「きんぞく（♪♪♪♪）」は4拍になります。この課では、「ん」があるかないか、どこにあるかに注意して練習してみましょう。

　また、「ん」は、あとに続く音によって音が[n]、[ŋ]、[m]のように変わりますが、日本語では、これらの音の違いで意味が異なることはありません。（「きをつけましょう」参照）

12「ひよう」と「ヒョウ」（拗音）

　「ひよう（♪♪♪）」は3拍、「ヒョウ（♪♪）」は2拍と、拗音かどうかでリズムが違います。この特徴も聞きわけの参考になるでしょう。

13「つうねん」と「ちゅうねん」と「すうねん」（「tsu」と「chu」と「su」）

　「つ」と「ちゅ」は、直音と拗音の関係であり、「つ」と「す」は、破擦音と摩擦音の関係です。

14「すうじ」と「しゅうじ」（[s]と[sh]、[z]と[j]）

　[z]と[j]の音の違いは、[s]と[sh]の音の違いに対応していますから、聞きわけの際、参考にしてみてください。

15「にほんごがっこう」　複合語

　複合語は、元の言葉とアクセントが異なる場合があります。

　アクセント変化のパターンは、次ページを参考にしてください。

＊複合語のアクセント変化のパターン

①ＡもＢもアクセントが変わらない　　ＡＡ＋ＢＢ　→　ＡＡＢＢ
②Ａのアクセントが変わる　　　　　　ＡＡ＋ＢＢ　→　ＡＡＢＢ
③Ｂのアクセントが変わる　　　　　　ＡＡ＋ＢＢ　→　ＡＡＢＢ
④ＡもＢも両方アクセントが変わる　　ＡＡ＋ＢＢ　→　ＡＡＢＢ
　　　　　　　　　　　　　　　　　　ＡＡ＋ＢＢ　→　ＡＡＢＢ

例：①よこはま＋しみん　　→　　よこはましみん
　　②デジタル＋カメラ　　→　　デジタルカメラ
　　③けいたい＋でんわ　　→　　けいたいでんわ
　　④しょうじょ＋まんが　→　　しょうじょまんが
　　　ジャム＋パン　　　　→　　ジャムパン

16　「くすりです」（無声化）

　共通語では、か・さ・た・は・ぱ行（k, s, sh, t, ts, h, f, p）にはさまれた［ i ］［ u ］の音（例：しかく（四角）sh(i)kaku）の母音が聞こえない場合があり、これを「母音の無声化」といいます。また、発話の最後の「です」「ます」の「す」でも母音の無声化は起きます。

　母音が無声化しても、言葉の意味は変わらず、また、拍は１拍のままなので、注意が必要です。

目　次

この本を使う方へ …………………………………………………… iii
指導される先生方へ ………………………………………………… iv

　　はじめるまえに ……………………………………………… 01
　　　はく Haku　とくしゅはく Tokushuhaku

1　あいうえお ………………………………………………… 05
　　　aiueo ― [a] [i] [u] [e] [o]
　　　れんしゅう1　れんしゅう2

2　「いきません」と「いけません」 …………………………… 08
　　　"ikimasen" to "ikemasen" ― [i] [e]
　　　れんしゅう

3　「ねる」と「ねろ」 …………………………………………… 10
　　　"neru" to "nero" ― [u] [o]
　　　れんしゅう

4　「じょし」と「じょうし」 …………………………………… 12
　　　"joshi" to "jōshi" ― [ā] [ī] [ū] [ē] [ō]
　　　れんしゅう1　れんしゅう2

5　「おと」と「おっと」 ………………………………………… 15
　　　"oto" to "otto" ― ちいさい「っ」chiisai "tsu"
　　　れんしゅう1　れんしゅう2

まとめ1　**1**〜**5** …………………………………………………… 18

6　「か」と「が」 ………………………………………………… 20
　　　"ka" to "ga" ― [k] [g]
　　　れんしゅう

7　「えと」と「えど」 …………………………………………… 22
　　　"eto" to "edo" ― [t] [d]
　　　れんしゅう

8　「パリ」と「バリ」 …………………………………………… 24
　　　"Pari" to "Bari" ― [p] [b]
　　　れんしゅう

9　「かでん」と「かねん」と「かれん」 ……………………… 26
　　　"kaden" to "kanen" to "karen" ― [d] [n] [r]
　　　れんしゅう1　れんしゅう2

まとめ2　**6**〜**9** …………………………………………………… 29

10　「はし」と「はち」 ……………………………………………………… 31
　　　"hashi" to "hachi" —「shi」「chi」
　　　れんしゅう

11　「きぞく」と「きんぞく」 ………………………………………………… 33
　　　"kizoku" to "kinzoku" —「ん」"n"
　　　れんしゅう1　れんしゅう2

12　「ひよう」と「ヒョウ」 …………………………………………………… 36
　　　"hiyō" to "hyō" —ちいさい「ゃ、ゅ、ょ」chiisai "ya, yu, yo"
　　　れんしゅう1　れんしゅう2

13　「つうねん」と「ちゅうねん」と「すうねん」 ……………………… 39
　　　"tsūnen" to "chūnen" to "sūnen" —「tsu」「chu」「su」
　　　れんしゅう1　れんしゅう2

14　「すうじ」と「しゅうじ」 ………………………………………………… 42
　　　"sūji" to "shūji" — [s] [sh], [z] [j]
　　　れんしゅう1　れんしゅう2

まとめ3　**10**〜**14** ……………………………………………………………… 45

15　「にほんごがっこう」 ……………………………………………………… 47
　　　"nihongo-gakkō" — ふくごうご fukugōgo
　　　れんしゅう

16　「くすりです」 ……………………………………………………………… 49
　　　"kusuri desu" — むせいか museika
　　　れんしゅう

まとめ4　**1**〜**16** ……………………………………………………………… 51

ことばのリスト …………………………………………………………………… 53

別冊
　　答えとスクリプト

はじめるまえに

はく（拍）Haku　Mora・拍・박자

解説
　日本語を正確に聞き取るためには、一つ一つの音の聞きわけに加えて、日本語らしいリズム・イントネーションに慣れることも大切です。
　ここでは、日本語のリズムの基本となる「拍（モーラ）」に注目しましょう。
　日本語の1拍は「子音＋母音」または「1母音」が基本です。
　この本では、1拍を「♪」一つで表しています。

　　　　ひ　ら　が　な
　　　　hi　ra　ga　na
　　　　♪　♪　♪　♪　　　　　　　　　　　　　　　　（4はく　4 haku）

　　In order to correctly hear and understand Japanese, it is important to differentiate between individual sounds and to become used to the rhythm and intonation of Japanese.
　　You should try to pay attention to moras, which represent the basic rhythm of Japanese.
　　In Japanese, one mora is basically made up of a consonant + a vowel or simply a vowel.
　　In this book, one mora is represented by '♪'.

　　在听日语时，为了要达到准确无误，将一个一个的音分开来听，习惯日语式的节奏和声调也是很重要的。
　　在这里，让我们来看一下作为日语节奏基础的"拍"。
　　日语1拍的基础是"子音＋母音"或"1母音"。
　　在本书中，用"♪"来表示1拍。

　　일본어를 정확히 듣기 위해서는 하나하나의 음을 구별하는 것에 더해 일본어다운 리듬, 억양에 익숙해지는 것도 중요합니다.
　　여기서는 일본어 리듬의 기본이 되는「박자 (mora)」에 주목합시다.
　　일본어의 1박자는「자음＋모음」또는「1 모음」이 기본입니다.
　　이 책에서는 1박자를「♪」하나로 표시하고 있습니다.

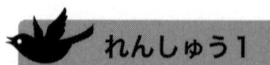 **れんしゅう1**

いいましょう。　Let's say.　让我们来说一说。　말해 봅시다.

❶ 2はく　2 haku

えき	ドア	ねこ	いす
♪ ♪	♪ ♪	♪ ♪	♪ ♪
e ki	do a	ne ko	i su

❷ 3ぱく　3 paku

さくら	ミルク	バナナ	サラダ
♪ ♪ ♪	♪ ♪ ♪	♪ ♪ ♪	♪ ♪ ♪
sa ku ra	mi ru ku	ba na na	sa ra da

❸ 4はく　4 haku

ひらがな	だいがく	デジタル	カタカナ
♪ ♪ ♪ ♪	♪ ♪ ♪ ♪	♪ ♪ ♪ ♪	♪ ♪ ♪ ♪
hi ra ga na	da i ga ku	de ji ta ru	ka ta ka na

❹ 5はく　5 haku

こいのぼり	あまのがわ	エビフライ	やきとりや
♪ ♪ ♪ ♪ ♪	♪ ♪ ♪ ♪ ♪	♪ ♪ ♪ ♪ ♪	♪ ♪ ♪ ♪ ♪
ko i no bo ri	a ma no ga wa	e bi fu ra i	ya ki to ri ya

とくしゅはく（特殊拍）Tokushuhaku
Special Mora・特殊拍・특수박자

はく haku	1 ♪	2 ♪	3 ♪	4 ♪
	か ka	よ yō	う	び bi
おんせつ onsetsu	1	2		3

解説

単語を拍（モーラ）に分ける場合、「ん」（撥音）、「っ」（促音）、「ー」（長音）もそれぞれ1拍となります。音節で分ける場合とは異なりますので、注意が必要です。

たとえば、「かようび」を音節で分けると「か／よう／び」となり3音節ですが、拍（モーラ）に分けると「か／よ／う／び」となり4拍です。

拍に注意すると、「ん」や「っ」があるかないかの聞きわけの際、大きなヒントになります。

When breaking down a word into moras, 'ん', small 'っ', and a long vowel constitute one mora. When breaking down a word into syllables, however, it is different, so care is necessary.

For example, in 'かようび' there are three syllables, 'か／よう／び', but there are four moras, 'か／よ／う／び'.

Paying attention to moras will give you a useful hint to differentiate between whether 'ん' or a small 'っ' is being used.

把单词分为拍时，"ん"（拨音）、"っ"（促音）、"ー"（长音）也分别各为1拍。因与以音节分时不同，所以需要加以注意。

例如，"かようび（星期二）"以音节分时为"か/よう/び"，是3音节，但如以拍分时则为"か/よ/う/び"，是4拍。

留意词中的拍，在分辨听到的日语中是否包含"ん"或"っ"时，可以成为一个很大的提示。

단어를 박자(mora)로 나누는 경우「ん」(발음),「っ」(촉음),「ー」(장음)도 각각 1박자가 됩니다. 음절로 나누는 경우와는 다르기 때문에 주의가 필요합니다.

예를 들면「かようび」를 음절로 나누면「か/よう/び」가 되어 3음절이지만 박자(mora)로 나누면「か/よ/う/び」가 되어 4박자 입니다.

박자에 주의하면「ん」이나「っ」가 있는지 없는지 구별할 때 큰 힌트가 됩니다.

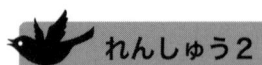 れんしゅう2

I. いいましょう。　Let's say.　让我们来说一说。　말해 봅시다.

❶ ○ん、○ン ♪♪　(11 p.33)

ほん	しけん	まんが	ドラゴン	たんぽぽ	にほんご
♪♪	♪♪♪	♪♪♪	♪♪♪♪	♪♪♪♪	♪♪♪♪
ho n	shi ke n	ma n ga	do ra go n	ta n po po	ni ho n go

❷ ○ー ♪♪　(4 p.12)

ぼう	とけい	ビール	とうきょう	おはよう	アパート
♪♪	♪♪♪	♪♪♪	♪♪♪♪	♪♪♪♪	♪♪♪♪
bō	to ke i	bi i ru	Tō kyō	o ha yō	a pā to

❸ ○っ、○ッ ♪♪♪　(5 p.15)

がっき	びっくり	あさって
♪♪♪	♪♪♪♪	♪♪♪♪
ga k ki	bi k ku ri	a sa t te

II. つぎのたんごはなんぱくでしょうか。
　　How many moras do the following words have?　下面的单词是几拍？　다음 단어는 몇 박자 입니까?

れい　ようこそ yōkoso　：　2　3　④　5　6

1.	コピー	kopii	2	3	4	5	6
2.	おんせん	onsen	2	3	4	5	6
3.	カップ	kappu	2	3	4	5	6
4.	ラーメン	rāmen	2	3	4	5	6
5.	ヨーロッパ	Yōroppa	2	3	4	5	6
6.	コンビニ	konbini	2	3	4	5	6
7.	スーパー	sūpā	2	3	4	5	6
8.	ほっかいどう	Hokkaidō	2	3	4	5	6

1 あいうえお
aiueo - [a][i][u][e][o]

 トライアル

○をつけましょう。 CD 01

れい： あ ⓘ う え お　　　a ⓘ u e o　　　 いち ichi

1. あ い う え お　　　a i u e o
2. あ い う え お　　　a i u e o
3. あ い う え お　　　a i u e o

 いいましょう

1. あ あ い い う う え え お お
   a a i i u u e e o o
2. あい　あう　あえ　あお
   ai　au　ae　ao
3. あえ　いう　えお　あお
   ae　iu　eo　ao

トライアルのこたえ

1. あ a（あわ awa）　2. お o（おと oto）　3. う u（うる uru）

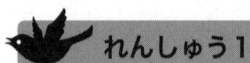 **れんしゅう1**

ウォーミングアップ

あ a	い i	う u	え e	お o
かさ kasa	いき iki	ふゆ fuyu	て te	そと soto
さかな sakana	みみ mimi	うるうる uruuru	でれでれ deredere	こころ kokoro

Ⅰ．○をつけましょう。

れい：あ い う え ㋐　　a i u e ⓞ　　🔊 おと oto

1. あ い う え お　　a i u e o
2. あ い う え お　　a i u e o
3. あ い う え お　　a i u e o
4. あ い う え お　　a i u e o
5. あ い う え お　　a i u e o

Ⅱ．きいて、かきましょう。

1. かわいい（　　　　　）だね。
   Kawaii（　　　　　）da ne.
2. （　　　　　）でたべましょう。
   （　　　　　）de tabemashō.
3. はやく（　　　　　）をあらっておいで。
   Hayaku（　　　　　）o aratte oide.
4. いぬみたいな（　　　　　）ですね。
   Inu mitaina（　　　　　）desu ne.
5. そんな（　　　　　）しためでみないで。
   Sonna（　　　　　）shita me de minai de.

 れんしゅう2

ウォーミングアップ CD05

あ a	い i	う u	え e	お o
あい ai	いえ ie	うえ ue	えい ei	おい oi
かお kao	かい kai	とくい tokui	こえ koe	きおく kioku

I．じゅんばんをかきましょう。 CD06

れい：（ 2 ）きおく kioku　（ 1 ）えい ei　（ 3 ）とくい tokui

　　　　　　　　　　　　　えい ei → きおく kioku → とくい tokui

1．（　）いえ ie　　（　）うえ ue　　（　）えい ei
2．（　）えい ei　　（　）おい oi　　（　）あい ai
3．（　）かい kai　　（　）こえ koe　　（　）かお kao

II．きいて、かきましょう。 CD07

1．（　　　　　）がきれいですね。
　（　　　　　）ga kirei desu ne.

2．きのうの（　　　　　）がありません。
　Kinō no（　　　　　）ga arimasen.

3．ダンスが（　　　　　）です。
　Dansu ga（　　　　　）desu.

4．つくえの（　　　　　）にねこがいる。
　Tsukue no（　　　　　）ni neko ga iru.

5．ああ、おわった。（　　　　　）にかえろう。
　Ā, owatta.（　　　　　）ni kaerō.

2 「いきません」と「いけません」
"ikimasen" to "ikemasen" － [i][e]

 トライアル

おなじはつおんのものに○をつけましょう。

れい： いま ima　　ⓐ　　　　ⓑ　　　　c

　　　　　　　　　　いま ima　　a いま ima　　b いま ima　　c えま ema

1. _____　　a　　　　b　　　　c
2. _____　　a　　　　b　　　　c

 いいましょう

1. い　い　え　え　い　い　え　え
　 i 　i 　e 　e 　i 　i 　e 　e

2. いいえ　　いいえ　　えいい　　えいい
　 i i e 　　 i i e 　　 e i i 　　 e i i

3. いえ　　いえ　　えい　　えい
　 i e 　　 i e 　　 e i 　　 e i

トライアルのこたえ

1. こい koi 　ⓐ こい koi 　b こえ koe 　ⓒ こい koi
2. いきません ikimasen 　a いけません ikemasen 　ⓑ いきません ikimasen 　c いけません ikemasen

ウォーミングアップ 〈CD 09〉

	[i]		[e]	
1	いま（今）	ima	えま	ema
2	いき（息）	iki	えき（駅）	eki
3	かみ（神）	kami	かめ（亀）	kame
4	あみ	ami	あめ（飴）	ame
5	ピンチ	pinchi	ペンチ	penchi

I．おなじはつおんのものに○をつけましょう。 〈CD 10〉

れい：あめ ame　ⓐ　　ⓑ　　c

　　　　　　　🔊 あめ ame　a あめ ame　b あめ ame　c あみ ami

1. ＿＿＿＿＿　a　　b　　c
2. ＿＿＿＿＿　a　　b　　c
3. ＿＿＿＿＿　a　　b　　c
4. ＿＿＿＿＿　a　　b　　c

II．きいて、かきましょう。 〈CD 11〉

1. とりあえず、（　　　　　　）はいらない。
   Toriaezu, (　　　　　　) wa iranai.
2. ああ、（　　　　　　）はどこにいるんだ。
   Ā, (　　　　　　) wa doko ni irun da.
3. あ、（　　　　　　）！　わすれてた。
   A, (　　　　　　)! Wasureteta.
4. あさのゆきで、（　　　　　　）がまっしろ。
   Asa no yuki de, (　　　　　　) ga masshiro.
5. すみません。（　　　　　　）、もってませんか。
   Sumimasen. (　　　　　　), mottemasen ka.

 「ねる」と「ねろ」
"neru" to "nero" — [u][o]

 トライアル

おなじはつおんのものに○をつけましょう。

れい： あう au　　ⓐ　　　　b　　　　c

　　　　　　　　((◆)) あう au　a あう au　b あお ao　c あお ao

1. ＿＿＿＿　　a　　　　b　　　　c
2. ＿＿＿＿　　a　　　　b　　　　c

 いいましょう

1. う　　う　　お　　お　　う　　う　　お　　お
   u　　u　　o　　o　　u　　u　　o　　o

2. ううお　　ううお　　おうう　　おうう
   uuo　　　uuo　　　ouu　　　ouu

3. うお　　うお　　おう　　おう
   uo　　　uo　　　ou　　　ou

トライアルのこたえ

1. ねる neru　　a ねろ nero　　ⓑ ねる neru　　c ねろ nero
2. うしろ ushiro　　a おしろ oshiro　　ⓑ うしろ ushiro　　ⓒ うしろ ushiro

ウォーミングアップ 🎧13

	[u]		[o]	
1	ねる（寝る）	neru	ねろ（寝ろ）	nero
2	ぶき	buki	ぼき	boki
3	すり	suri	そり	sori
4	ぬりもの	nurimono	のりもの	norimono
5	いっぷん	ippun	いっぽん	ippon

I．おなじはつおんのものに○をつけましょう。 🎧14

れい：ねろ　　a　　　ⓑ　　　c

　　　　　　　🔊 ねろ nero　a ねる neru　b ねろ nero　c ねる neru

1. _____　　a　　　b　　　c
2. _____　　a　　　b　　　c
3. _____　　a　　　b　　　c
4. _____　　a　　　b　　　c

II．きいて、かきましょう。 🎧15

1. あしたははやいから、もう（　　　　　）。
   Ashita wa hayai kara, mō (　　　　　).

2. しゅみは（　　　　　）のしゃしんをとることです。
   Shumi wa (　　　　　) no shashin o toru koto desu.

3. としょかんで（　　　　　）のほんをかりてきて。
   Toshokan de (　　　　　) no hon o karite kite.

4. でんしゃ（　　　　　）おくれました。
   Densha (　　　　　) okuremashita.

5. あのひとは（　　　　　）のめいじんらしいよ。
   Ano hito wa (　　　　　) no meijin rashii yo.

「じょし」と「じょうし」
"joshi" to "jōshi" – [ā] [ī] [ū] [ē] [ō]

 トライアル

おなじはつおんのものに○をつけましょう。

れい： じょし（女子） joshi　　ⓐ　　　　b　　　　c

　　　　　　🔊 じょし joshi　　a じょし joshi　　b じょうし jōshi　　c じょうし jōshi

1. _____　　a　　　　b　　　　c
2. _____　　a　　　　b　　　　c

 きをつけましょう

"ei" → [ē]

れい： せんせい sensei → [sensē]

　とけい tokei、えいが eiga、すいえい suiei
　けいさん keisan、きれいな kireina

トライアルのこたえ

1. おじいさま ojiisama　　a おじさま ojisama　　ⓑ おじいさま ojiisama　　c おうじさま ōjisama
2. チーズ chiizu　　ⓐ チーズ chiizu　　ⓑ チーズ chiizu　　c ちず chizu

れんしゅう1

ウォーミングアップ 🎧17

1	あと	ato	♪♪	アート	āto	♪♪♪
2	ちず	chizu	♪♪	チーズ	chīzu	♪♪♪
3	へや	heya	♪♪	へいや	heiya	♪♪♪
4	こと（琴）	koto	♪♪	コート	kōto	♪♪♪
5	かど	kado	♪♪	かどう（華道）	kadō	♪♪♪

Ⅰ．おなじはつおんのものに○をつけましょう。 🎧18

れい： <u>へや heya</u>　　　a　　　　b　　　　ⓒ

　　　　　　　へや heya　　a へいや heiya　b へいや heiya　c へや heya

1. ＿＿＿＿＿　a　　b　　c
2. ＿＿＿＿＿　a　　b　　c
3. ＿＿＿＿＿　a　　b　　c
4. ＿＿＿＿＿　a　　b　　c

Ⅱ．きいて、かきましょう。 🎧19

1. あの（　　　　　）、どこいった？
   Ano (　　　　　), doko itta?

2. このへんにひろい（　　　　　　）はありません。
   Kono hen ni hiroi (　　　　　　) wa arimasen.

3. あそこの（　　　　　）のきょうしつはゆうめいです。
   Asoko no (　　　　　) no kyōshitsu wa yūmei desu.

4. この（　　　　　）は、かんこくでかいました。
   Kono (　　　　　) wa, Kankoku de kaimashita.

5. この（　　　　　）、かびてる。
   Kono (　　　　　), kabiteru.

4　「じょし」と「じょうし」　[a] [i] [u] [e] [o]

 れんしゅう2

I. ながいところに「ー」をいれましょう。ローマじは、れいのようにかきましょう。

れい1：ノ（ー）ト（　）　　　　　　　nō to
れい2：チ（ー）ズ（　）　　　　　　　chii zu
1. ス（　）タ（　）ト（　）　　　　　su ta to
2. ピ（　）マ（　）ン（　）　　　　　pi ma n
3. コ（　）ヒ（　）　　　　　　　　　ko hi
4. サ（　）ッ（　）カ（　）　　　　　sa kka
5. ガ（　）ラ（　）ス（　）　　　　　ga ra su
6. ア（　）パ（　）ト（　）　　　　　a pa to
7. バ（　）コ（　）ド（　）　　　　　ba ko do
8. ス（　）カ（　）イ（　）ツ（　）リ（　）
　　Su ka i tsu ri
9. コ（　）ピ（　）　　　　　　　　　ko pi
10. ベ（　）ビ（　）カ（　）　　　　be bi ka

II. きいて、かきましょう。
1. （　　　　　　　）、しつもんがあります。
　（　　　　　　　　　）, shitsumon ga arimasu.
2. まいにち（　　　　　　）をたべています。
　Mainichi（　　　　　　　） o tabete imasu.
3. あるところに（　　　　　　）おねえさんがいました。
　Aru tokoro ni（　　　　　　） onēsan ga imashita.
4. あしたの（　　　　　　）はおやすみです。
　Ashita no（　　　　　　） wa oyasumi desu.
5. あした（　　　　　　）をみにいきませんか。
　Ashita（　　　　　　） o mi ni ikimasen ka.

5 「おと」と「おっと」
"oto" to "otto" ーちいさい「っ」chiisai "tsu"

トライアル

おなじはつおんのものに○をつけましょう。 CD 22

れい：かっこ　　a　　　　ⓑ　　　　ⓒ

　　　　　　　📢 かっこ kakko　　a かこ kako　b かっこ kakko　c かっこ kakko

1. ＿＿＿＿＿　　a　　　　b　　　　c
2. ＿＿＿＿＿　　a　　　　b　　　　c

きをつけましょう

がいらいごの「ッ」はどこに？

picnic	×	ピクニク
	×	ピックニク
	×	ピクッニク
	○	ピクニック

　　○○ッ○　　○○○ッ○　　○○○○ッ○

れい：チケット chiketto、シロップ shiroppu、

　　　バスケット basuketto、ピラミッド piramiddo

　　　アカデミック akademikku、パンフレット panfuretto

れいがい（ーx）：ミックス mikkusu、ファックス fakkusu

トライアルのこたえ

1. がっか gakka　　ⓐ がっか gakka　ⓑ がっか gakka　c がか gaka
2. おっと otto　　ⓐ おっと otto　b おと oto　c おっと otto

 れんしゅう1

ウォーミングアップ CD23

1	きて（来て） kite	♪♪	きって（切って）kitte	♪♪♪
2	がか gaka	♪♪	がっか gakka	♪♪♪
3	おと oto	♪♪	おっと otto	♪♪♪
4	かこ kako	♪♪	かっこ kakko	♪♪♪
5	しかく shikaku	♪♪♪	しっかく shikkaku	♪♪♪♪

Ⅰ．aとbのどちらですか。 CD24

れい： a　きて kite　　　　　ⓑ　きって kitte
1．a　おと oto　　　　　　　b　おっと otto
2．a　がか gaka　　　　　　b　がっか gakka
3．a　かこ kako　　　　　　b　かっこ kakko
4．a　しかく shikaku　　　　b　しっかく shikkaku

Ⅱ．きいて、かきましょう。 CD25

1．(　　　　　) になにがありましたか。
　(　　　　　) ni nani ga arimashita ka.
2．(　　　　　) がうるさいんです。
　(　　　　　) ga urusain desu.
3．どの (　　　　　) がいいかな。
　Dono (　　　　　) ga ii kana.
4．ばくはつする！　はやく (　　　　　) ください。
　Bakuhatsu suru! Hayaku (　　　　　) kudasai.
5．うちのちちが、あれは (　　　　　) だといっていました。
　Uchi no chichi ga, are wa (　　　　　) da to itte imashita.

16　　5　「おと」と「おっと」　ちいさい「っ」chiisai "tsu"

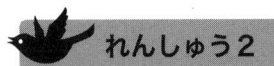 れんしゅう2

I.「っ」をいれましょう。ローマじは、れいのようにかきましょう。 CD26

れい： が（っ）き　　　　　　　　　ga (k) ki

1. あ（　）さ（　）て　　　　　　a (　) sa (　) te
2. ゆ（　）く（　）り　　　　　　yu (　) ku (　) ri
3. た（　）ぷ（　）り　　　　　　ta (　) pu (　) ri
4. ロ（　）ボ（　）ト　　　　　　ro (　) bo (　) to
5. ト（　）ラ（　）ク　　　　　　to (　) ra (　) ku
6. り（　）ぱ（　）な　　　　　　ri (　) pa (　) na
7. ほ（　）か（　）ほ（　）か　　ho (　) ka (　) ho (　) ka
8. あ（　）ち（　）こ（　）ち　　a (　) chi (　) ko (　) chi
9. す（　）と（　）こ（　）ど（　）こ（　）い
　　su (　) to (　) ko (　) do (　) ko (　) i
10. コ（　）ロ（　）ケ　　　　　　ko (　) ro (　) ke

II. きいて、かきましょう。 CD27

1. めずらしいりょうりは（　　　　　）ありません。
   Mezurashii ryōri wa (　　　　　) arimasen.
2. これがさいごの（　　　　　）です。
   Kore ga saigo no (　　　　　) desu.
3. このきょくのタイトルは（　　　　　）です。
   Kono kyoku no taitoru wa (　　　　　) desu.
4. （　　　　　）になにをしたらいいんだろう。
   (　　　　　) ni nani o shitara iin darō.
5. （　　　　　）ようのばんそうこうです。
   (　　　　　) yō no bansōkō desu.

まとめ1

I. 「ー」「ッ」をいれましょう。ローマじは、れいのようにかきましょう。

れい1：サ（ッ）カ（ー）
　　　　sa（k）kā（ ）

れい2：コ（ ）ピ（ー）
　　　　ko（ ）pi（ i ）

1. コ（ ）ヒ（ ）ゼ（ ）リ（ ）
　　ko（ ）hi（ ）ze（ ）ri（ ）
2. カ（ ）プ（ ）ラ（ ）メ（ ）ン（ ）
　　ka（ ）pu（ ）ra（ ）me（ ）n（ ）
3. ガ（ ）リ（ ）ク（ ）ト（ ）ス（ ）ト（ ）
　　ga（ ）ri（ ）ku（ ）to（ ）su（ ）to（ ）
4. ス（ ）プ（ ）セ（ ）ト（ ）
　　su（ ）pu（ ）se（ ）to（ ）
5. ハ（ ）ン（ ）バ（ ）ガ（ ）
　　ha（ ）n（ ）ba（ ）ga（ ）
6. ハ（ ）ン（ ）バ（ ）グ（ ）
　　ha（ ）n（ ）ba（ ）gu（ ）
7. ア（ ）プ（ ）ル（ ）ティ（ ）
　　a（ ）pu（ ）ru（ ）ti（ ）

II. 「い」「う」「っ」をいれましょう。ローマじは、れいのようにかきましょう。

れい1：げ（っ）こ（う）　　　　　ge（ k ）kō（ ）
れい2：と（ ）け（い）　　　　　to（ ）ke（ i ）
1. そ（ ）じ（ ）　　　　　　　so（ ）ji（ ）
2. け（ ）こ（ ）と（ ）　　　ke（ ）ko（ ）to（ ）
3. な（ ）と（ ）　　　　　　　na（ ）to（ ）
4. ご（ ）か（ ）く（ ）　　　go（ ）ka（ ）ku（ ）
5. そ（ ）ご（ ）が（ ）か　　so（ ）go（ ）ga（ ）ka
6. こ（ ）と（ ）が（ ）こ（ ）
　　ko（ ）to（ ）ga（ ）ko（ ）

Ⅲ．じゅんばんをかきましょう。 CD30

れい：(2) きこく kikoku　　(1) かこく kakoku　　(3) かっこく kakkoku

かこく kakoku → きこく kikoku → かっこく kakkoku

1．(　) かち kachi　　(　) きち kichi　　(　) けち kechi
2．(　) すり suri　　(　) そり sori　　(　) そうり sōri
3．(　) ねこ neko　　(　) にこ niko　　(　) にく niku
4．(　) とちょう tochō　　(　) てちょう techō　　(　) ていちょう teichō
5．(　) ニット nitto　　(　) ネット netto　　(　) ニート niito

Ⅳ．きいて、かきましょう。 CD31

1．がっこうは、(　　　　　　　)でおやすみになりました。
　　Gakkō wa, (　　　　　　　) de oyasumi ni narimashita.
2．えいがかんではやっぱり (　　　　　　　) でしょう。
　　Eigakan de wa yappari (　　　　　　　) deshō.
3．ピンクの (　　　　)、(　　　　　　　) ですね。
　　Pinku no (　　　　), (　　　　　　　) desu ne.
4．こんどの (　　　　　　　) はどこですか。
　　Kondo no (　　　　　　　) wa doko desu ka.
5．(　　　　　　　) に (　　　　　　　) します。
　　(　　　　　　　) ni (　　　　　　　) shimasu.

6 「か」と「が」
"ka" to "ga" – [k][g]

トライアル

aとbのどちらですか。

れい：（ ⓐ か　　b　が ）がいます。
　　　（ ⓐ Ka　　b　Ga ）ga imasu.

1. （ a　か　　b　が ）がとまっている。
　　（ a　Ka　　b　Ga ）ga tomatte iru.

2. （ a　か　　b　が ）がとんでいる。
　　（ a　Ka　　b　Ga ）ga tonde iru.

トライアルのこたえ

1. a　　2. b

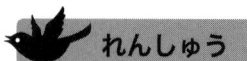

ウォーミングアップ 🎧33

	[k]		[g]	
1	かっこう（格好）	kakkō	がっこう	gakkō
2	かき（柿）	kaki	かぎ	kagi
3	くらくら	kurakura	ぐらぐら	guragura
4	あける	akeru	あげる	ageru
5	たいこ（太鼓）	taiko	タイご	taigo

I．aとbのどちらですか。🎧34

れい：プレゼントを（ ⓐ あける　b あげる ）ね。
　　　Purezento o (ⓐ akeru　b ageru) ne.

1．すてきな（ a かっこう　b がっこう ）ですね。
　　Sutekina (a kakkō　b gakkō) desu ne.

2．（ a かき　b かぎ ）、どこ？
　　(a Kaki　b Kagi), doko?

3．あたまが（ a くらくら　b ぐらぐら ）する。
　　Atama ga (a kurakura　b guragura) suru.

4．（ a たいこ　b タイご ）のきょうしつにいっています。
　　(a Taiko　b Taigo) no kyōshitsu ni itte imasu.

II．きいて、かきましょう。🎧35

1．（　　　　　）のかたちのキーホルダーしらない？
　　（　　　　　）no katachi no kīhorudā shiranai?

2．たかいところは（　　　　　）する。
　　Takai tokoro wa (　　　　　) suru.

3．（　　　　　）をならってみたいです。
　　(　　　　　) o naratte mitai desu.

4．まくを（　　　　　）じかんです。
　　Maku o (　　　　　) jikan desu.

5．とてもいい（　　　　　）ですね。
　　Totemo ii (　　　　　) desu ne.

7 「えと」と「えど」
"eto" to "edo" — [t][d]

 トライアル

おなじはつおんのものに○をつけましょう。

れい： <u>えど edo</u>　ⓐ　　　　b　　　　ⓒ

　　　　　　　　　🔊 えど edo　　a えど edo　b えと eto　c えど edo

1.　_____　　a　　　　b　　　　c

2.　_____　　a　　　　b　　　　c

くらべましょう

[t]	・・・	タ	(チ)	(ツ)	テ	ト
		ta	(chi)	(tsu)	te	to
[d]	・・・	ダ	(ヂ)	(ヅ)	デ	ド
		da	(ji)	(zu)	de	do

トライアルのこたえ

1.　てんき tenki　　a でんき denki　ⓑ てんき tenki　　c でんき denki
2.　たんご tango　ⓐ たんご tango　b だんご dango　　c だんご dango

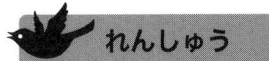

ウォーミングアップ

	[t]		[d]	
1	えと	eto	えど	edo
2	ふた	futa	ふだ	fuda
3	てんき	tenki	でんき	denki
4	たんご（単語）	tango	だんご	dango
5	けんとう	kentō	けんどう（県道）	kendō

I．aとbのどちらですか。

れい：いい（ ⓐ てんき　b でんき ）ですね。
　　　Ii （ ⓐ tenki　b denki ） desu ne.

1. あしたは（ a えと　b えど ）についてべんきょうします。
　　Ashita wa （ a eto　b edo ） ni tsuite benkyō shimasu.

2. これから（ a けんとう　b けんどう ）にはいります。
　　Korekara （ a kentō　b kendō ） ni hairimasu.

3. あたらしい（ a たんご　b だんご ）がたくさんできています。
　　Atarashii （ a tango　b dango ） ga takusan dekite imasu.

4. この（ a ふた　b ふだ ）がわりびきけんになっています。
　　Kono （ a futa　b fuda ） ga waribikiken ni natte imasu.

II．きいて、かきましょう。

1. もうすこし（　　　　　）がひつようです。
　　Mō sukoshi （　　　　　） ga hitsuyō desu.

2. （　　　　　）ってだれがつくったの？
　　（　　　　　） tte dare ga tsukutta no?

3. あ、（　　　　　）がとれてる。
　　A, （　　　　　） ga toreteru.

4. この（　　　　　）、みたことありますか。
　　Kono （　　　　　）, mita koto arimasu ka.

5. あれ、（　　　　　）がかわったね。
　　Are, （　　　　　） ga kawatta ne.

8 「パリ」と「バリ」
"Pari" to "Bari" — [p][b]

 トライアル

おなじはつおんのものに○をつけましょう。

れい：パリ Pari　ⓐ　　　b　　　c

((　パリ Pari　a パリ Pari　b バリ Bari　c バリ Bari

1. _____　a　　　b　　　c
2. _____　a　　　b　　　c

 きをつけましょう

	1	2	3	4	5
～ほん ～hon	いっぽん ippon	にほん nihon	さんぼん sanbon	よんほん yonhon	ごほん gohon
～はい ～hai	いっぱい ippai	にはい nihai	さんばい sanbai	よんはい yonhai	ごはい gohai
	6	7	8	9	10
～ほん ～hon	ろっぽん roppon	ななほん nanahon	はっぽん happon	きゅうほん kyūhon	じゅっぽん juppon
～はい ～hai	ろっぱい roppai	ななはい nanahai	はっぱい happai	きゅうはい kyūhai	じゅっぱい juppai

トライアルのこたえ

1. びん bin　ⓐ びん bin　b ピン pin　ⓒ びん bin
2. ブルブル buruburu　a プルプル purupuru　ⓑ ブルブル buruburu　c プルプル purupuru

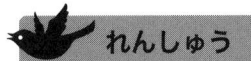
れんしゅう

ウォーミングアップ CD41

	[p]		[b]	
1	パリ	Pari	バリ	Bari
2	ペラペラ	perapera	ベラベラ	berabera
3	ピリピリ	piripiri	ビリビリ	biribiri
4	ピーチ	piichi	ビーチ	biichi
5	ポロ	poro	ぼろ	boro

Ⅰ．[p]のおとがはいっていることばに○をつけましょう。 CD42

れい1：ⓐ　　　　b　　　　c

　　　　　　　　　　　a パリ Pari　b バリ Bari　c バリ Bari

1．a　　　　b　　　　c
2．a　　　　b　　　　c

れい2：a　　　　ⓑ　　　　c

　　　　　　　　　　　a ビリビリ biribiri　b ピリピリ piripiri　c ビリビリ biribiri

3．a　　　　b　　　　c
4．a　　　　b　　　　c

Ⅱ．きいて、かきましょう。 CD43

1．コンセントにさわったら、てが（　　　　）した。
　　Konsento ni sawattara, te ga (　　　　) shita.

2．ひみつなのに、そんなに（　　　　）しゃべっていいの？
　　Himitsu na noni, sonna ni (　　　　) shabette ii no?

3．このあかい（　　　　）すてていい？
　　Kono akai (　　　　) sutete ii?

4．ことしのなつは（　　　　）にいきたいな。
　　Kotoshi no natsu wa (　　　　) ni ikitai na.

5．（　　　　）でジュースをつくりました。
　　(　　　　) de jūsu o tsukurimashita.

9 「かでん」と「かねん」と「かれん」
"kaden" to "kanen" to "karen" － [d][n][r]

 トライアル

おなじはつおんのものに○をつけましょう。

れい：ろく roku　　ⓐ　　　　b　　　　　c
　　　　　　　　　((◆ろく roku　　a ろく roku　b どく doku　c のく noku
1. _____　　a　　　　b　　　　　c
2. _____　　a　　　　b　　　　　c

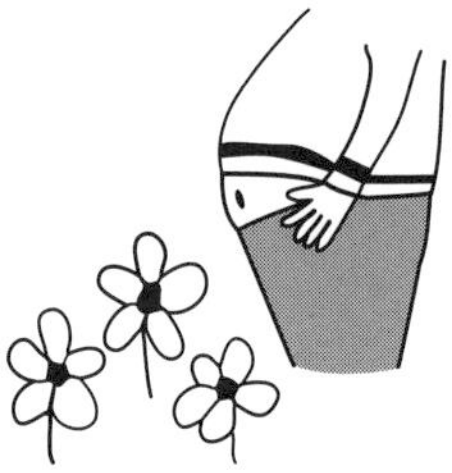

トライアルのこたえ

1. かれん karen　ⓐ かれん karen　b かでん kaden　c kaden かでん
2. はな hana　a はら hara　b はら hara　ⓒ はな hana

れんしゅう1

ウォーミングアップ CD45

	[r]		[d]	
1	ろく	roku	どく	doku
2	ころも	koromo	こども	kodomo
3	らいめい	raimei	だいめい	daimei
4	レンタル	rentaru	デンタル	dentaru
5	らんらん	ranran	だんだん	dandan

I．おなじはつおんのものに○をつけましょう。 CD46

れい：<u>どく doku</u>　　a　　ⓑ　　c

　　　　　　(((• どく doku　　a ろく roku　b どく doku　c ろく roku

1. _____　a　　b　　c
2. _____　a　　b　　c
3. _____　a　　b　　c
4. _____　a　　b　　c

II．きいて、かきましょう。 CD47

1. なんだか、おそろしい（　　　　　）ですね。
   Nandaka, osoroshii (　　　　　) desu ne.

2. めに（　　　　　）と、ひかりがでてきました。
   Me ni (　　　　　) to, hikari ga dete kimashita.

3. さいきん（　　　　　）オフィスがふえましたね。
   Saikin (　　　　　) ofisu ga fuemashita ne.

4. わたしは（　　　　　）がすきです。
   Watashi wa (　　　　　) ga suki desu.

5. これとこれをたすと（　　　　　）になります。
   Kore to kore o tasu to (　　　　　) ni narimasu.

れんしゅう2

ウォーミングアップ 🎵CD48

	[r]		[n]	
1	はら（腹）	hara	はな（花）	hana
2	くり	kuri	くに	kuni
3	エル	eru	エヌ	enu
4	まれ	mare	まね	mane
5	ろうりょく	rōryoku	のうりょく	nōryoku

I．おなじはつおんのものに○をつけましょう。 🎵CD49

れい：はな hana　　a　　ⓑ　　c

　　　　　　　((はな hana　　a はら hara　b はな hana　c はら hara

1. ＿＿＿＿＿　　a　　b　　c
2. ＿＿＿＿＿　　a　　b　　c
3. ＿＿＿＿＿　　a　　b　　c
4. ＿＿＿＿＿　　a　　b　　c

II．きいて、かきましょう。 🎵CD50

1. やまださん、おおきな（　　　　　）ですね。
   Yamada-san, ōkina (　　　　　) desu ne.
2. その（　　　　　）、どこにあったの？
   Sono (　　　　　), doko ni atta no?
3. なまえのはじめのもじは（　　　　　）ですね。
   Namae no hajime no moji wa (　　　　　) desu ne.
4. ひろしさんのげいでおもしろいのは（　　　　　）です。
   Hiroshi-san no gei de omoshiroi no wa (　　　　　) desu.
5. このしごとには（　　　　　）はいらない。
   Kono shigoto ni wa (　　　　　) wa iranai.

まとめ2 6-9

I. どちらをいっていますか。 CD 51

れい： a　たんご tango　　　　b　だんご dango
　　　（ b ）（ a ）　　　　　　　　🔊 だんご dango、たんご tango

1. a　ペット petto　　　　b　ベッド beddo
   (1) (　)(　)
   (2) (　)(　)
   (3) (　)(　)

2. a　かがく kagaku　　　　b　ががく gagaku
   (1) (　)(　)
   (2) (　)(　)
   (3) (　)(　)

3. a　どうろ dōro　　　　b　ロード rōdo
   (1) (　)(　)
   (2) (　)(　)
   (3) (　)(　)

II. きいて、かきましょう。 CD 52

1. (　)いこ　　　　　　(　) iko
2. か(　)ん　　　　　　ka (　) n
3. し(　)ん　　　　　　shi (　) n
4. あま(　)り　　　　　ama (　) ri
5. (　)ん(　)　　　　　(　) n (　)
6. か(　)　　　　　　　ka (　)
7. (　)み(　)　　　　　(　) mi (　)
8. か(　)　　　　　　　ka (　)
9. (　)(　)イヤ　　　　(　)(　) iya
10. (　)(　)(　)　　　　(　)(　)(　)

Ⅲ. きいて、かきましょう。 CD 53

1. かぜで（　　　　　）がいたい。
   Kaze de （　　　　　） ga itai.

2. （　　　　　）をかってきてください。
   （　　　　　） o katte kite kudasai.

3. せんせい、（　　　　　）しています。
   Sensei, （　　　　　） shite imasu.

4. とりあえず、（　　　　　）で（　　　　　）。
   Toriaezu, （　　　　　） de （　　　　　）.

5. （　　　　　）のさばくで（　　　　　）にのった。
   （　　　　　） no sabaku de （　　　　　） ni notta.

30　まとめ2

10 「はし」と「はち」
"hashi" to "hachi" — 「shi」「chi」

トライアル

おなじはつおんのものに○をつけましょう。 CD 54

れい：ちか chika　　a　　ⓑ　　ⓒ

　　　　　　　　((◆ ちか chika　　a しか shika　b ちか chika　c ちか chika

1. _____　　a　　　　b　　　　c
2. _____　　a　　　　b　　　　c

きをつけましょう

とうきょうのはつおん Tōkyō no hatsuon	
ひと hito	しと shito
ひろい hiroi	しろい shiroi
ひがし higashi	しがし shigashi
ひっこし hikkoshi	しっこし shikkoshi

→

にしにほんのはつおん Nishinihon no hatsuon	
しち（七） shichi	ひち hichi
しちや shichiya	ひちや hichiya
しつもん shitsumon	ひつもん hitsumon
ふとんをしく futon o shiku	ふとんをひく futon o hiku

→

トライアルのこたえ

1. はし hashi　　ⓐ はし hashi　　b はち hachi　　ⓒ はし hashi
2. しりとり shiritori　　ⓐ しりとり shiritori　　ⓑ しりとり shiritori　　c ちりとり chiritori

れんしゅう

ウォーミングアップ 🎧55

	ち chi		し shi	
1	いち（位置）	ichi	いし（意思）	ishi
2	とち	tochi	とし（年）	toshi
3	コーチ	kōchi	こうし（講師）	kōshi
4	ちてき	chiteki	してき	shiteki
5	ちりとり	chiritori	しりとり	shiritori

I．aとbのどちらですか。 🎧56

れい： a　ちてき chiteki　　　ⓑ　してき shiteki

1．a　コーチ kōchi　　　b　こうし kōshi
2．a　いち ichi　　　b　いし ishi
3．a　ちりとり chiritori　　　b　しりとり shiritori
4．a　とち tochi　　　b　とし toshi

II．きいて、かきましょう。 🎧57

1．この（　　　　　）、ぶどうのできがよくないな。
　　Kono (　　　　　), budō no deki ga yokunai na.
2．（　　　　　）は、とりではありません。
　　(　　　　　) wa, tori dewa arimasen.
3．あたらしい（　　　　　）がしこくからきた。
　　Atarashii (　　　　　) ga Shikoku kara kita.
4．メールでこちらの（　　　　　）をつたえた。
　　Mēru de kochira no (　　　　　) o tsutaeta.
5．シンさんのぶんしょうって、（　　　　　）ですよね。
　　Shin-san no bunshōtte, (　　　　　) desu yo ne.

11 「きぞく」と「きんぞく」
"kizoku" to "kinzoku" —「ん」"n"

トライアル

ききましょう。おなじはつおんのものに○をつけましょう。 CD 58

れい：<u>きんぞく kinzoku</u>　　a　　　ⓑ　　　c

　　((♪ きんぞく kinzoku　a きぞく kizoku　b きんぞく kinzoku　c きぞく kizoku

1. _____　　a　　　b　　　c
2. _____　　a　　　b　　　c

きをつけましょう

「ん」のはつおんのいろいろ（[n]、[ŋ]、[m]） CD 59

n +	t, d, z, j, n, r	けんどう	kendō	n	[kendō]
		あんぜん	anzen		[anzen]
		みんな	minna		[minna]
	k	げんき	genki	ŋ	[geŋki]
	g	まんが	manga		[maŋŋa]
	p	かんぱい	kanpai	m	[kampai]
	b	ぜんぶ	zenbu		[zembu]
	m	さんま	sanma		[samma]

トライアルのこたえ

1. ふんか funka　　a フカ fuka　　ⓑ ふんか funka　　c フカ fuka
2. しんけん shinken　　ⓐ しんけん shinken　　b しけん shiken　　ⓒ しんけん shinken

れんしゅう1

ウォーミングアップ CD60

1	いど ido	♪♪	インド Indo	♪♪♪
2	ぶか buka	♪♪	ぶんか bunka	♪♪♪
3	ぶちょう buchō	♪♪♪	ぶんちょう bunchō	♪♪♪♪
4	こい koi	♪♪	コイン koin	♪♪♪
5	かばん kaban	♪♪♪	かんばん kanban	♪♪♪♪

I. おなじはつおんのものに○をつけましょう。 CD61

れい：コイン koin　　a　　ⓑ　　ⓒ

　　　　　　　　　　コイン koin　a こい koi　b コイン koin　c コイン koin

1. _____　a　b　c
2. _____　a　b　c
3. _____　a　b　c
4. _____　a　b　c

II. きいて、かきましょう。 CD62

1. あの（　　　　　）めだつね。
   Ano (　　　　　) medatsu ne.

2. ひとつひとつの（　　　　　）におもいでがあります。
   Hitotsu hitotsu no (　　　　　) ni omoide ga arimasu.

3. あたらしい（　　　　　）になれなくてこまっています。
   Atarashii (　　　　　) ni narenakute komatte imasu.

4. うちの（　　　　　）は、あたまがいいですよ。
   Uchi no (　　　　　) wa, atama ga ii desu yo.

5. じつは（　　　　　）でみずあびしていました。
   Jitsu wa (　　　　　) de mizuabi shite imashita.

れんしゅう2

ウォーミングアップ 🎵63

1	あに ani	♪♪	あんい an'i	♪♪♪
2	きねん kinen	♪♪♪	きんえん kin'en	♪♪♪♪
3	ぜに zeni	♪♪	ぜんい zen'i	♪♪♪
4	じにん jinin	♪♪♪	じんいん jin'in	♪♪♪♪
5	かにゅう kanyū	♪♪♪	かんゆう kan'yū	♪♪♪♪

I．おなじはつおんのものに○をつけましょう。 🎵64

れい：<u>あに ani</u>　　a　　ⓑ　　c

　　　　　🔊 あに ani　a あんい an'i　b あに ani　c あんい an'i

1. _____　　a　　b　　c
2. _____　　a　　b　　c
3. _____　　a　　b　　c
4. _____　　a　　b　　c

II．きいて、かきましょう。 🎵65

1. つぎのきんようびは（　　　　　　）のひです。
   Tsugi no kinyōbi wa (　　　　　　) no hi desu.

2. やまざきさんが、きのう（　　　　　　）していたよ。
   Yamazaki-san ga, kinō (　　　　　　) shite ita yo.

3. さいきん、（　　　　　　）ってことばきかないよね。
   Saikin, (　　　　　　) tte kotoba kikanai yo ne.

4. またおかねでかいけつか、なんて（　　　　　　）だ。
   Mata okane de kaiketsu ka, nante (　　　　　　) da.

5. やっと（　　　　　　）がきまったようです。
   Yatto (　　　　　　) ga kimatta yō desu.

11　「きぞく」と「きんぞく」「ん」"n"

12 「ひよう」と「ヒョウ」

"hiyō" to "hyō" －ちいさい「ゃ、ゅ、ょ」chiisai "ya, yu, yo"

🐦 トライアル

おなじはつおんのものに○をつけましょう。 🎵66

れい： <u>ヒョウ hyō</u>　　ⓐ　　　　b　　　　ⓒ

　　　　　🔊 ヒョウ hyō　　a ヒョウ hyō　b ひよう hiyō　c ヒョウ hyō

1. _____　　a　　　　b　　　　c
2. _____　　a　　　　b　　　　c

🐦 きをつけましょう

「モーツアルト mōtsuaruto ♪♪♪♪♪」＝「モーツァルト mōtsaruto ♪♪♪♪」

れい：

「ウイスキー uisukii ♪♪♪♪♪」＝「ウィスキー wisukii ♪♪♪♪」

「ウエブ uebu ♪♪♪」＝「ウェブ webu ♪♪」

「クオーター kuōtā ♪♪♪♪♪」＝「クォーター kwōtā ♪♪♪♪」

トライアルのこたえ

1. ひゃく hyaku　ⓐ ひゃく hyaku　b ひやく hiyaku　c ひやく hiyaku
2. じゆう jiyū　a じゅう jū　ⓑ じゆう jiyū　c じゅう jū

れんしゅう1

ウォーミングアップ CD 67

1	きゃく kyaku	♪♪	きやく kiyaku	♪♪♪
2	きゅう（急）kyū	♪♪	きゆう kiyū	♪♪♪
3	きょう kyō	♪♪	きよう（器用）kiyō	♪♪♪
4	りょうし ryōshi	♪♪♪	りようし riyōshi	♪♪♪♪
5	びょういん byōin	♪♪♪♪	びよういん biyōin	♪♪♪♪♪

I．aとbのどちらですか。 CD 68

れい： a　びょういん byōin　　　ⓑ　びよういん biyōin

1．a　きゃく kyaku　　　　b　きやく kiyaku
2．a　りょうし ryōshi　　　b　りようし riyōshi
3．a　きゅう kyū　　　　　b　きゆう kiyū
4．a　きょう kyō　　　　　b　きよう kiyō

II．きいて、かきましょう。 CD 69

1．わたしのりょうしんは（　　　　　　）です。
　　Watashi no ryōshin wa (　　　　　　) desu.

2．あたらしいバイトさんは（　　　　　　）ですか。
　　Atarashii baito-san wa (　　　　　　) desu ka.

3．あそこにみえるピンクの（　　　　　　）のよこです。
　　Asoko ni mieru pinku no (　　　　　　) no yoko desu.

4．こんどの（　　　　　　）はうるさいですね。
　　Kondo no (　　　　　　) wa urusai desu ne.

5．りょうしんのりこんは（　　　　　　）だった。
　　Ryōshin no rikon wa (　　　　　　) datta.

12　「ひよう」と「ヒョウ」　ちいさい「ゃ、ゅ、ょ」chiisai "ya, yu, yo"

れんしゅう2

ウォーミングアップ 🎧70

1	らくご	rakugo	♪♪	りゃくご	ryakugo	♪♪
2	ルー	rū	♪♪	りゅう	ryū	♪♪
3	くうこう	kūkō	♪♪♪	きゅうこう	kyūkō	♪♪♪
4	コート	kōto	♪♪♪	きょうと	Kyōto	♪♪♪
5	のうけんさ	nōkensa	♪♪♪♪	にょうけんさ	nyōkensa	♪♪♪♪

I. aとbのどちらですか。 🎧71

れい：ⓐ　らくご rakugo　　　b　りゃくご ryakugo

1. a　ルー rū　　　b　りゅう ryū
2. a　くうこう kūkō　　　b　きゅうこう kyūkō
3. a　コート kōto　　　b　きょうと Kyōto
4. a　のうけんさ nōkensa　　　b　にょうけんさ nyōkensa

II. きいて、かきましょう。 🎧72

1. この（　　　　）のいろ、ちょっとかわってますね。
　　Kono （　　　　） no iro, chotto kawattemasu ne.

2. なりたから（　　　　）のでんしゃにのる。
　　Narita kara （　　　　） no densha ni noru.

3. （　　　　）っておもしろいねえ。
　　（　　　　） tte omoshiroi nē.

4. （　　　　）のけっかがしんぱいです。
　　（　　　　） no kekka ga shinpai desu.

5. らいしゅうごうは、（　　　　）とくしゅうです。
　　Raishūgō wa, （　　　　） tokushū desu.

12 「ひよう」と「ヒョウ」　ちいさい「ゃ、ゅ、ょ」chiisai "ya, yu, yo"

13 「つうねん」と「ちゅうねん」と「すうねん」
"tsūnen" to "chūnen" to "sūnen" —「tsu」「chu」「su」

トライアル

おなじはつおんのものに○をつけましょう。 CD 73

れい：すうねん sūnen　　a　　　　b　　　　ⓒ

◁)) すうねん sūnen　　a つうねん tsūnen　　b ちゅうねん chūnen　　c すうねん sūnen

1. _____　　a　　　　b　　　　c
2. _____　　a　　　　b　　　　c

トライアルのこたえ

1. ついか tsuika　　a スイカ suika　　ⓑ ついか tsuika　　c スイカ suika
2. ちゅうこく chūkoku　　ⓐ ちゅうこく chūkoku　　b つうこく tsūkoku　　c つうこく tsūkoku

れんしゅう1

ウォーミングアップ 🎧74

	つ tsu		す su	
1	つき	tsuki	すき	suki
2	つな（綱）	tsuna	すな	suna
3	ばつ（罰）	batsu	バス	basu
4	ついか	tsuika	スイカ	suika
5	つうがく	tsūgaku	すうがく	sūgaku

Ⅰ．a と b のどちらですか。 🎧75

れい：ⓐ　つき tsuki　　　b　すき suki

1. a　つな tsuna　　　b　すな suna
2. a　ばつ batsu　　　b　バス basu
3. a　ついか tsuika　　b　スイカ suika
4. a　つうがく tsūgaku　b　すうがく sūgaku

Ⅱ．きいて、かきましょう。 🎧76

1. ここにあった（　　　　　）、なくなったんですね。
   Koko ni atta (　　　　　), nakunattan desu ne.

2. （　　　　　）で、グラウンドいっしゅう！
   (　　　　　) de, guraundo isshū!

3. まいにち２じかん（　　　　　）ですか。たいへんですね。
   Mainichi 2 jikan (　　　　　) desu ka. Taihen desu ne.

4. （　　　　　）のアイス、おまたせしました。
   (　　　　　) no aisu, omatase shimashita.

5. はじめから（　　　　　）だとおもっていました。
   Hajime kara (　　　　　) da to omotte imashita.

れんしゅう2

ウォーミングアップ CD77

	つ tsu		ちゅ chu	
1	つうねん（通年）	tsūnen	ちゅうねん	chūnen
2	つうしん	tsūshin	ちゅうしん	chūshin
3	つうか（通貨）	tsūka	ちゅうか	chūka
4	いつう	itsū	いちゅう	ichū
5	むつう	mutsū	むちゅう	muchū

I．aとbのどちらですか。 CD78

れい： a　つうしん tsūshin　　　ⓑ　ちゅうしん chūshin

1. a　つうか tsūka　　　　　b　ちゅうか chūka
2. a　いつう itsū　　　　　b　いちゅう ichū
3. a　むつう mutsū　　　　b　むちゅう muchū
4. a　つうねん tsūnen　　　b　ちゅうねん chūnen

II．きいて、かきましょう。 CD79

1. （　　　　　　）のひとに、このくすりをのませてください。
   （　　　　　　）no hito ni, kono kusuri o nomasete kudasai.
2. あたらしい（　　　　　　）しせつがかんせいしました。
   Atarashii（　　　　　　）shisetsu ga kansei shimashita.
3. こんど（　　　　　　）のせんせいがくるって。
   Kondo（　　　　　　）no sensei ga kurutte.
4. こんな（　　　　　　）もあったんですね。
   Konna（　　　　　　）mo attan desu ne.
5. あのはいしゃさん、（　　　　　　）でちりょうしてくれたよ。
   Ano haisha-san,（　　　　　　）de chiryō shite kureta yo.

14 「すうじ」と「しゅうじ」
"sūji" to "shūji" − [s][sh], [z][j]

トライアル

おなじはつおんのものに○をつけましょう。 CD 80

れい：すうじ sūji　　a　　　　ⓑ　　　　ⓒ

　　　　　　　((♪ すうじ sūji　　a しゅうじ shūji　b すうじ sūji　c すうじ sūji

1. _____　　a　　　　b　　　　c
2. _____　　a　　　　b　　　　c

いいましょう

[s][z]

1. さ-ざ、す-ず、せ-ぜ、そ-ぞ　sa-za, su-zu, se-ze, so-zo
2. さ、さ、ざ、ざ、さ、さ、ざ、ざ

    sa, sa, za, za, sa, sa, za, za
3. さ、ざ、さ、ざ、さ、ざ、さ、ざ　sa, za, sa, za, sa, za, sa, za

[sh][j]

1. しゃ-じゃ、しゅ-じゅ、しょ-じょ　sha-ja, shu-ju, sho-jo
2. しゃ、しゃ、じゃ、じゃ、しゃ、しゃ、じゃ、じゃ

    sha, sha, ja, ja, sha, sha, ja, ja
3. しゃ、じゃ、しゃ、じゃ、しゃ、じゃ

    sha, ja, sha, ja, sha, ja

トライアルのこたえ

1. させん sasen　　a しゃせん shasen　b しゃせん shasen　ⓒ させん sasen
2. かず kazu　　a かじゅ kaju　ⓑ かず kazu　ⓒ かず kazu

れんしゅう1

ウォーミングアップ CD81

	[s]		[sh]	
1	そうり	sōri	しょうり	shōri
2	させん	sasen	しゃせん	shasen
3	すうじ	sūji	しゅうじ	shūji
4	きゅうそく	kyūsoku	きゅうしょく	kyūshoku
5	そうしょく	sōshoku	しょうしょく	shōshoku

I. aとbのどちらですか。 CD82

れい：(ⓐ させん　b しゃせん) って、どうかくの？
　　　(ⓐ Sasen　b Shasen) tte, dō kaku no?

1. (a そうり　b しょうり) がおとずれた。
　 (a Sōri　b Shōri) ga otozureta.

2. アラビアの (a すうじ　b しゅうじ) はれきしがながいです。
　 Arabia no (a sūji　b shūji) wa rekishi ga nagai desu.

3. (a きゅうそく　b きゅうしょく) がおわったらそうじです。
　 (a Kyūsoku　b Kyūshoku) ga owattara sōji desu.

4. (a そうしょく　b しょうしょく) ですが、ふとっています。
　 (a Sōshoku　b Shōshoku) desu ga, futotte imasu.

II. きいて、かきましょう。 CD83

1. うちのおじいちゃんは、(　　　　　) がにがてです。
   Uchi no ojiichan wa, (　　　　　) ga nigate desu.

2. しゃちょうには (　　　　　) がひつようです。
   Shachō ni wa (　　　　　) ga hitsuyō desu.

3. この1ねん (　　　　　) をめざしてがんばってきました。
   Kono 1 nen (　　　　　) o mezashite ganbatte kimashita.

4. きりんは (　　　　　) らしいですよ。
   Kirin wa (　　　　　) rashii desu yo.

5. 100ねんごのしゃかいには (　　　　　) がなくなるらしいよ。
   100 nengo no shakai ni wa (　　　　　) ga nakunaru rashii yo.

れんしゅう2

ウォーミングアップ 🎵CD84

	[z]		[j]	
1	ザーザー	zāzā	ジャージャー	jājā
2	ずこう	zukō	じゅこう	jukō
3	ぞうか	zōka	じょうか	jōka
4	ぞうき	zōki	じょうき	jōki
5	しんぞう	shinzō	しんじょう	shinjō

I. aとbのどちらですか。 🎵CD85

れい：（ a ザーザー ⓑ ジャージャー ）うるさいね。
　　　（ a Zāzā ⓑ Jājā ）urusai ne.

1. わたしは（ a ぞうき　b じょうき ）のけんきゅうをしています。
   Watashi wa (a zōki　b jōki) no kenkyū o shite imasu.

2. （ a ずこう　b じゅこう ）のじゅんびをしなくちゃ。
   (a Zukō　b Jukō) no junbi o shinakucha.

3. このバクテリアが（ a ぞうか　b じょうか ）しました。
   Kono bakuteria ga (a zōka　b jōka) shimashita.

4. もっとじぶんの（ a しんぞう　b しんじょう ）をたいせつに。
   Motto jibun no (a shinzō　b shinjō) o taisetsu ni.

II. きいて、かきましょう。 🎵CD86

1. あしたはびじゅつきょうしつで（　　　　　）だ。
   Ashita wa bijutsukyōshitsu de (　　　　　) da.

2. にっこうで（　　　　　）するシステムをかいはつしました。
   Nikkō de (　　　　　) suru shisutemu o kaihatsu shimashita.

3. この（　　　　　）、もんだいがありますね。
   Kono (　　　　　), mondai ga arimasu ne.

4. わたしの（　　　　　）はけんこうです。
   Watashi no (　　　　　) wa kenkō desu.

5. （　　　　　）すごいおとがする。
   (　　　　　) sugoi oto ga suru.

14 「すうじ」と「しゅうじ」 [s][sh], [z][j]

まとめ 3   10 — 14

I．「ん」「っ」「う」をかきましょう。ローマじは、れいのようにかきましょう。 CD 87

れい1：け（っ）こ（ん）し（　）き（　）
　　　　ke（ k ）ko（ n ）shi（　）ki（　）

れい2：ど（う）ろ（　）
　　　　dō（　）ro（　）

1． ろ（　）ぶ（　）
　　ro（　）bu（　）

2． け（　）こ（　）
　　ke（　）ko（　）

3． だ（　）ら（　）く（　）
　　da（　）ra（　）ku（　）

4． ぶ（　）しょ（　）
　　bu（　）sho（　）

5． ほ（　）や（　）く（　）
　　ho（　）ya（　）ku（　）

6． け（　）さ（　）く（　）
　　ke（　）sa（　）ku（　）

7． ひ（　）き（　）し（　）け（　）
　　hi（　）ki（　）shi（　）ke（　）

8． じ（　）け（　）け（　）か（　）
　　ji（　）ke（　）ke（　）ka（　）

9． か（　）じ（　）へ（　）か（　）
　　ka（　）ji（　）he（　）ka（　）

10． さ（　）こ（　）ぶ（　）け（　）
　　 sa（　）ko（　）bu（　）ke（　）

II. きいて、かきましょう。 CD 88

1. （　）け（　）づけ　　　（　）ke（　）zuke
2. や（　）く　　　　　　　ya（　）ku
3. （　　）がくろ　　　　　（　　）gakuro
4. （　　）こう　　　　　　（　　）kō
5. う（　　）　　　　　　　u（　　）
6. （　）る（　）ば　　　　（　）ru（　）ba
7. （　）んたい　　　　　　（　）ntai
8. （　　　）く　　　　　　（　　　）ku
9. しよう（　　）　　　　　shiyō（　　）
10. （　　　）　　　　　　　（　　　）

III. きいて、かきましょう。 CD 89

1. （　　　）のなまえでけんさくできます。
   （　　　）no namae de kensaku dekimasu.
2. このバッグは（　　　）でかいました。
   Kono baggu wa（　　　）de kaimashita.
3. （　　　）をわすれました。
   （　　　）o wasuremashita.
4. しょうろんぶんのこうせいは、（　　　）です。
   Shōronbun no kōsei wa,（　　　）desu.
5. （　　　）ください。
   （　　　）kudasai.

15 「にほんごがっこう」
"nihongo-gakkō" ーふくごうご fukugōgo

トライアル

おなじはつおんのものに○をつけましょう。 CD 90

れい： にほんご、がっこう nihongo, gakkō　　a　　ⓑ

　　　🔊 にほんご、がっこう　　a にほんごがっこう　b にほんご、がっこう
　　　　nihongo, gakkō　　　　　a nihongo-gakkō　　b nihongo, gakkō

1. _____　　a　　b　　c
2. _____　　a　　b　　c

トライアルのこたえ

1. てんきよほう tenki-yohō　　ⓐ てんきよほう tenki-yohō　　b てんき、よほう tenki, yohō
2. カップ、ラーメン kappu, rāmen　　a カップラーメン kappu-rāmen　　ⓑ カップ、ラーメン kappu, rāmen

れんしゅう

ウォーミングアップ CD91

	2ご　2go	1ご　1go
1	たまご、サンド　tamago, sando	たまごサンド　tamago-sando
2	まど、ガラス　mado, garasu	まどガラス　mado-garasu
3	インド、ぞう　Indo, zō	インドぞう　Indo-zō
4	コーヒー、ぎゅうにゅう kōhii, gyūnyū	コーヒーぎゅうにゅう kōhii-gyūnyū
5	デジタル、カメラ dejitaru, kamera	デジタルカメラ dejitaru-kamera
6	けいざい、がくぶ keizai, gakubu	けいざいがくぶ keizai-gakubu
7	ノート、パソコン nōto, pasokon	ノートパソコン nōto-pasokon
8	がくせい、ホール　gakusei, hōru	がくせいホール　gakusei-hōru
9	ジャム、パン　jamu, pan	ジャムパン　jamu-pan
10	りょうり、ばんぐみ ryōri, bangumi	りょうりばんぐみ ryōri-bangumi

I．2ごですか。1ごですか。 CD92

れい1：(2)　　　　れい2：(1)

🔊 れい1　ジャム、パン jamu, pan　　れい2　ジャムパン jamu-pan

1. (　　)　　　　2. (　　)
3. (　　)　　　　4. (　　)
5. (　　)　　　　6. (　　)
7. (　　)　　　　8. (　　)
9. (　　)　　　　10. (　　)

15　「にほんごがっこう」　ふくごうご fukugōgo

16 「くすりです」
"kusuri desu" — むせいか museika

トライアル

きいて、かきましょう。 CD 93

1. あのうち、(　　　)ですね。
   Ano uchi, (　　　) desu ne.

2. このスイカ、(　　　)ですよ。
   Kono suika, (　　　) desu yo.

きをつけましょう

せんたくき sentakuki	♪♪♪♪♪	→ [sentakki]	♪♪♪♪
おんがくか ongakuka	♪♪♪♪♪	→ [ongakka]	♪♪♪♪
かくかい kakukai	♪♪♪♪	→ [kakkai]	♪♪♪
すいぞくかん suizokukan	♪♪♪♪♪♪	→ [suizokkan]	♪♪♪♪♪
しょうがくきん shōgakukin	♪♪♪♪♪♪	→ [shōgakkin]	♪♪♪♪♪

トライアルのこたえ

1. ピカピカ pikapika　2. しかく shikaku

れんしゅう

ウォーミングアップ 🎵CD94

くすり kusuri	[k(u)suri]	♪♪♪	ふく fuku	[f(u)ku]	♪♪
くさ kusa	[k(u)sa]	♪♪	つき tsuki	[ts(u)ki]	♪♪
スキー skii	[s(u)kī]	♪♪♪	ひかる hikaru	[h(i)karu]	♪♪♪
しかく shikaku	[sh(i)kaku]	♪♪♪	ピカピカ pikapika	[p(i)kap(i)ka]	♪♪♪♪
〜です 〜 desu	[des(u)]	♪♪	〜ます 〜 masu	[mas(u)]	♪♪

I. きいて、かきましょう。 🎵CD95

1. わたしはきくちともうし（　　　　　　）。
   Watashi wa Kikuchi to mōshi (　　　　　　).

2. はやめに（　　　　　）をのんだほうがいいよ。
   Hayame ni (　　　　　) o nonda hō ga ii yo.

3. あの（　　　　　）してるの、なに？
   Ano (　　　　　) shiteru no, nani?

4. え、ことしは（　　　　　）にいけなかったんですか。
   E, kotoshi wa (　　　　　) ni ikenakattan desu ka.

5. （　　　　　）がきれいですね。でも、あなたはもっときれいですよ。
   (　　　　　) ga kirei desu ne. Demo, anata wa motto kirei desu yo.

6. きょうはしゃちょうのおごり（　　　　　）。
   Kyō wa shachō no ogori (　　　　　).

7. にんじゃのスパイかつどうは（　　　　　）とよばれていました。
   Ninja no supaikatsudō wa (　　　　　) to yobarete imashita.

8. その（　　　　　）はどこでかったの？
   Sono (　　　　　) wa doko de katta no?

9. つぎは（　　　　　）にきってください。
   Tsugi wa (　　　　　) ni kitte kudasai.

まとめ4 1 — 16

Ⅰ．aとbのどちらですか。 CD 96

れい： ⓐ　しゃちょう shachō　　b　しょちょう shochō
1.　a　しょうり shōri　　b　しゅうり shūri
2.　a　かいしゅう kaishū　　b　かいじゅう kaijū
3.　a　いしゅう ishū　　b　いっしゅう isshū
4.　a　いっしゅう isshū　　b　いっしゅん isshun
5.　a　いしょ isho　　b　いっしょう isshō

Ⅱ．きいて、かきましょう。 CD 97

1. あ、せんぱい、（　　　　　）ございます。
   A, senpai, (　　　　　) gozaimasu.
2. すみません、（　　　　　）をもういっぱい。
   Sumimasen, (　　　　　) o mō ippai.
3. ここの（　　　　　）のめだまはにんぎょらしいよ。
   Koko no (　　　　　) no medama wa ningyo rashii yo.
4. え、（　　　　　）のからあげ？
   E, (　　　　　) no karaage?
5. きんちょうして、スピーチが（　　　　　）でした。
   Kinchō shite, supiichi ga (　　　　　) deshita.

III. かいわをきいてえらびましょう。 🔊 CD 98

M：スーパーいってくる。　　　　　M：Sūpā itte kuru.
F：じゃ、たばこかってきて。　　　F：Ja, tabako katte kite.
M：え、たばこ。あ、わかった。　　M：E, tabako. A, wakatta.

れい：おとこのひとは（ ⓐ　たばこ　　b　たらこ ）をかいます。
　　　Otoko no hito wa （ ⓐ　tabako　　b　tarako ） o kaimasu.

1.

おとこのひとは（ a　やきそば　　b　やきさば ）のていしょくをたべます。
Otoko no hito wa （ a　yakisoba　　b　yakisaba ） no teishoku o tabemasu.

2.

おとこのひとは（ a　ハブいり　　b　ハーブいり ）のおさけをもらいました。
Otoko no hito wa （ a　habuiri　　b　hābuiri ） no osake o moraimashita.

3.

おんなのひとは、（ a　びょういん　　b　びよういん ）へいきます。
Onna no hito wa （ a　byōin　　b　biyōin ） e ikimasu.

ことばのリスト

はじめるまえに

解説	ひらがな	hiragana	hiragana (Japanese syllabary)	平假名	히라가나
れ1	えき	eki	station	车站	역
れ1	ドア	doa	door	门	문
れ1	ねこ	neko	cat	猫	고양이
れ1	いす	isu	chair	椅子	의자
れ1	さくら	sakura	cherry blossom	樱花	벚꽃
れ1	ミルク	miruku	milk	牛奶	우유
れ1	バナナ	banana	banana	香蕉	바나나
れ1	サラダ	sarada	salad	色拉	샐러드
れ1	だいがく	daigaku	university	大学	대학
れ1	デジタル	dejitaru	digital	数码、数字	디지털
れ1	カタカナ	katakana	katakana (Japanese syllabary for foreign loan words)	片假名	가타카나
れ1	こいのぼり	koinobori	carp-shaped streamers traditionally flown on Children's Day	鲤鱼旗（端午节时，用布或纸作成的用于装饰的鲤鱼形状的旗子）	고이노보리（단오절에 천이나 종이로 만들어 걸어두는 잉어）
れ1	あまのがわ	amanogawa	Milky Way	银河	은하수
れ1	エビフライ	ebifurai	fried shrimp/prawns	炸虾	새우튀김
れ1	やきとりや	yakitoriya	yakitori (barbecued chicken on skewers) restaurant	烤鸡肉串店	닭꼬치점
解説	かようび	kayōbi	Tuesday	星期二	화요일
れ2	ほん	hon	book	书	책
れ2	しけん	shiken	examination	考试、测验	시험
れ2	まんが	manga	comic, cartoon	漫画、连环画	만화
れ2	ドラゴン	doragon	dragon	龙	드래곤
れ2	たんぽぽ	tanpopo	dandelion	蒲公英	민들레
れ2	にほんご	nihongo	Japanese language	日语	일본어
れ2	ぼう	bō	stick, pole	棍、棒	봉
れ2	とけい	tokei	watch, clock	钟表	시계
れ2	ビール	biiru	beer	啤酒	맥주
れ2	とうきょう	Tōkyō	Tokyo	东京	동경, 도쿄
れ2	おはよう	ohayō	Good morning.	早上好	안녕（아침인사）

れ2	アパート	apāto	apartment, flat	公寓	아파트	
れ2	がっき	gakki	musical instrument	乐器	악기	
れ2	びっくり	bikkuri	surprise	吃惊	깜짝	
れ2	あさって	asatte	day after tomorrow	后天	모레	
れ2	ようこそ	yōkoso	welcome	欢迎（光临）	어서 오세요（환영하다）	
れ2	コピー	kopii	copy	复印	복사	
れ2	おんせん	onsen	hot spring	温泉	온천	
れ2	カップ	kappu	cup	杯子	컵	
れ2	ラーメン	rāmen	ramen (Chinese noodles in soup)	汤面、拉面	라면	
れ2	ヨーロッパ	Yōroppa	Europe	欧洲	유럽	
れ2	コンビニ	konbini	convenience store	便利店	편의점	
れ2	スーパー	sūpā	supermarket	超市	슈퍼마켓	
れ2	ほっかいどう	Hokkaidō	Hokkaido	北海道	홋카이도	

1

ト	いち	ichi	one	一	일
ト	あわ	awa	bubble, foam	泡沫	거품
ト	おと	oto	sound	声音	소리
ト	うる	uru	sell	卖	팔다
れ1	かさ	kasa	umbrella	伞	우산
れ1	さかな	sakana	fish	鱼	생선
れ1	いき	iki	breath, breathing	呼吸	숨
れ1	みみ	mimi	ear	耳朵	귀
れ1	ふゆ	fuyu	winter	冬天	겨울
れ1	うるうる	uruuru	tear-filled (eyes)	泪眼模糊的样子	글썽글썽
れ1	て	te	hand, arm	手	손
れ1	でれでれ	deredere	spoony, flirty	痴迷迷的样子	헤벌레
れ1	そと	soto	outside	外、外边	밖
れ1	こころ	kokoro	heart	心	마음
れ2	あい	ai	love	爱	사랑
れ2	かお	kao	face	脸	얼굴
れ2	いえ	ie	house	家	집
れ2	かい	kai	shellfish	贝	조개
れ2	うえ	ue	above, on, over	上	위
れ2	とくい	tokui	proud	拿手、擅长	장기
れ2	えい	ei	ray (fish)	鳐鱼	가오리
れ2	こえ	koe	voice	声音（人或动物的）	소리

れ2	おい	oi	nephew	外甥、侄子	남자조카
れ2	きおく	kioku	memory	记忆	기억

2

ト	いま	ima	now	现在	지금
ト	えま	ema	votive wooden tablet dedicated to a shrine or temple	彩马匾额（向神社和寺庙供奉的写有自己心愿的小木牌）	에마（신사나 절에 소원을 적어 비는 작은 나무판）
ト	こい	koi	(romantic) love	恋、恋爱	사랑
ト	こえ	koe	voice	声音（人或动物的）	소리
ト	いきません	ikimasen	don't go	不去	안갑니다
ト	いけません	ikemasen	can't go	不能去	못 갑니다
れ	いき	iki	breath, breathing	呼吸	숨
れ	えき	eki	station	车站	역
れ	かみ	kami	god	神明、上帝	신
れ	かめ	kame	turtle, tortoise	龟	거북이
れ	あみ	ami	net	网	그물
れ	あめ	ame	candy, sweet	糖	사탕
れ	ピンチ	pinchi	pinch, difficult situation	危机	위기
れ	ペンチ	penchi	cutting pliers	钳子	펜치

3

ト	あう	au	meet	会面	만나다
ト	あお	ao	blue	蓝色	청
ト	ねる	neru	(to) sleep	睡觉	자다
ト	ねろ	nero	sleep (instruction)	睡吧（命令形）	자라
ト	うしろ	ushiro	behind, back	后面	뒤
ト	おしろ	oshiro	castle	城、城堡	성
れ	ぶき	buki	weapon	武器	무기
れ	ぼき	boki	bookkeeping	簿记	부기
れ	すり	suri	pickpocket, pickpocketing	扒窃、扒手	소매치기
れ	そり	sori	sledge, sled	雪橇	썰매
れ	ぬりもの	nurimono	lacquerware	漆器	칠기
れ	のりもの	norimono	means of transport	交通工具	탈것
れ	いっぷん	ippun	one minute	一分	일분
れ	いっぽん	ippon	one railway/bus service	一趟（车）	한대

4

ト	じょし	joshi	woman, girl	女子	여자
ト	じょうし	jōshi	one's superior/boss	上司	상사
ト	おじいさま	ojiisama	grandfather	爷爷、姥爷	할아버님
ト	おじさま	ojisama	uncle	伯父, 叔父, 舅舅	백부님, 숙부님
ト	おうじさま	ōjisama	prince	王子	왕자님
ト	チーズ	chiizu	cheese	乳酪	치즈
ト	ちず	chizu	map	地图	지도
れ1	あと	ato	after, later	以后	후
れ1	アート	āto	art (work)	艺术作品、美术作品	아트
れ1	へや	heya	room	房间	방
れ1	へいや	heiya	field	平原	평야
れ1	こと	koto	koto (Japanese harp)	古筝	거문고
れ1	コート	kōto	coat	外套	코트
れ1	かど	kado	corner	拐角、路口	모퉁이
れ1	かどう	kadō	flower arrangement	花道	꽃꽂이
れ2	ノート	nōto	note, notebook	笔记本	공책
れ2	スタート	sutāto	start	出发、起点	스타트
れ2	ピーマン	piiman	green pepper	青椒	피망
れ2	コーヒー	kōhii	coffee	咖啡	커피
れ2	サッカー	sakkā	soccer, football	足球	축구
れ2	ガラス	garasu	glass	玻璃	유리
れ2	アパート	apāto	apartment, flat	公寓	아파트
れ2	バーコード	bākōdo	barcode	条形码	바코드
れ2	スカイツリー	Sukaitsurii	Tokyo Sky Tree (extremely high tower)	东京天空树（电视塔）	도쿄스카이트리 (고층타워)
れ2	コピー	kopii	copy	复印	복사
れ2	ベビーカー	bebiikā	baby car/buggy, pushchair	折叠式婴儿车	유모차
れ2	せんせい	sensei	teacher	老师	선생님
れ2	とうふ	tōfu	tofu, bean curd	豆腐	두부
れ2	きれいな	kireina	clean, beautiful	漂亮、干净	예쁘다, 깨끗하다
れ2	こうぎ	kōgi	lecture	讲义	강의
れ2	えいが	eiga	movie, film	电影	영화

5

ト	かっこ	kakko	parenthesis, bracket	括弧	괄호
ト	かこ	kako	past	过去	과거

ト	がっか	gakka	academic discipline/department	学科	학과
ト	がか	gaka	artist	画家	화가
ト	おっと	otto	(my) husband	丈夫	남편
ト	おと	oto	sound	声音	소리
れ1	きて	kite	come and	来	와서, 오고
れ1	きって	kitte	cut and	切、割、剪	잘라서, 자르고
れ1	しかく	shikaku	square	方形	사각
れ1	しっかく	shikkaku	disqualification	不够格、犯规出局	실격
れ2	がっき	gakki	musical instrument	乐器	악기
れ2	あさって	asatte	day after tomorrow	后天	모레
れ2	ゆっくり	yukkuri	slowly	慢慢	천천히
れ2	たっぷり	tappuri	plenty, full	足够、许多	듬뿍
れ2	ロボット	robotto	robot	机器人	로보트
れ2	トラック	torakku	truck, lorry	卡车	트럭
れ2	りっぱな	rippana	excellent, admirable	优秀	훌륭하다
れ2	ほっかほっか	hokkahokka	steaming, warm	热腾腾	따끈따끈
れ2	あっちこっち	acchikocchi	here and there	那边这边、到处	여기저기
れ2	すっとこどっこい	suttokodokkoi	fool, idiot	笨蛋	멍청이
れ2	コロッケ	korokke	croquette	炸丸子、炸肉饼	크로켓
れ2	とくに	tokuni	particularly	特别	특히
れ2	じけん	jiken	incident, happening	事件、案件	사건
れ2	げっこう	gekkō	moonlight	月光	월광
れ2	よか	yoka	leisure time	余暇	여가
れ2	キッズ	kizzu	kids	小孩子、年轻人	키즈

まとめ1

I	サッカー	sakkā	soccer, football	足球	축구
I	コピー	kopii	copy	复印	복사
I	コーヒーゼリー	kōhiizerii	coffee-flavored jelly	咖啡果冻	커피젤리
I	カップラーメン	kappurāmen	cup/pot noodle	碗装方便面	컵라면
I	ガーリックトースト	gārikkutōsuto	garlic toast	蒜盐土司	마늘빵
I	スープセット	sūpusetto	set meal with soup	带汤的套餐	스프세트
I	ハンバーガー	hanbāgā	hamburger	汉堡包	햄버거
I	ハンバーグ	hanbāgu	hamburger	汉堡牛排	햄버그
I	アップルティー	appurutii	apple tea	苹果茶	애플티
II	げっこう	gekkō	moonlight	月光	월광
II	とけい	tokei	watch, clock	钟表	시계

II	そうじ	sōji	cleaning	扫除	청소
II	けいこうとう	keikōtō	fluorescent light	日光灯	형광등
II	なっとう	nattō	natto, fermented soybeans	纳豆	낫토
II	ごうかく	gōkaku	passing an examination	合格、及格	합격
II	そうごうがっか	sōgōgakka	general studies	综合学科	총합학과
II	こうとうがっこう	kōtōgakkō	senior high school	高中	고등학교
III	きこく	kikoku	returning to one's home country	回国	귀국
III	かこく	kakoku	rough, severe	过于苛刻	가혹
III	かっこく	kakkoku	each country	各国	각국
III	かち	kachi	value	价值	가치
III	きち	kichi	base	基地	기지
III	けち	kechi	stingy person	吝啬鬼	구두쇠
III	すり	suri	pickpocket, pickpocketing	扒窃、扒手	소매치기
III	そり	sori	sledge, sled	雪橇	썰매
III	そうり	sōri	prime minister	总理	총리 (대신)
III	ねこ	neko	cat	猫	고양이
III	にこ	niko	two (small things)	两个	두개
III	にく	niku	meat	肉	고기
III	とちょう	tochō	metropolitan government	都厅（东京都政府办公大楼）	도청
III	てちょう	techō	pocket/notebook	记事本	수첩
III	ていちょう	teichō	polite, gracious	谨慎、小心	정중
III	ニット	nitto	knit	编织物	니트
III	ネット	netto	net	网	그물, 네트
III	ニート	niito	NEET (young people Not in Education, Employment or Training)	不就业族	백수
IV	たいふう	taifū	typhoon	台风	태풍
IV	ポップコーン	poppukōn	popcorn	爆玉米花	팝콘
IV	けいたい	keitai	mobile phone	手机	핸드폰
IV	かわいい	kawaii	cute	可爱	귀엽다
IV	ワールドカップ	wārudokappu	World Cup	世界杯	월드컵
IV	おさき（に）	osaki (ni)	before, ahead of	先	먼저
IV	しつれい（する）	shitsurei (suru)	leave	告辞、离去	실례 (하다)

6

ト	か	ka	mosquito	蚊子	모기
ト	が	ga	moth	蛾	나방
れ	かっこう	kakkō	appearance	样子	모습
れ	がっこう	gakkō	school	学校	학교
れ	かき	kaki	persimmon	柿子	감
れ	かぎ	kagi	key	钥匙	열쇠
れ	くらくら	kurakura	dizzy feeling	晕乎乎	어질어질
れ	ぐらぐら	guragura	wobbly, unstable	摇摇晃晃	흔들흔들
れ	あける	akeru	open	打开	열다
れ	あげる	ageru	give, put up	给，举	주다, 올리다
れ	たいこ	taiko	drum	鼓	큰 북
れ	タイご	taigo	Thai language	泰语	태국어

7

ト	えど	edo	Edo period	江户时代	에도시대
ト	えと	eto	Chinese astrological calendar	干支	십이간지
ト	てんき	tenki	weather	天气	날씨
ト	でんき	denki	(electric) light	电灯	전기
ト	たんご	tango	word	单词	단어
ト	だんご	dango	rice dumpling	江米丸子	경단
れ	ふた	futa	lid, cap	盖子	뚜껑
れ	ふだ	fuda	label, tag	纸牌	표
れ	けんとう	kentō	examination, investigation	研究、探讨	검토
れ	けんどう	kendō	prefectural road	县道（由县管理的公路）	현도 (일본 현이 관리하는 도로)

8

ト	パリ	Pari	Paris	巴黎	파리
ト	バリ	Bari	Bali	巴里	발리
ト	びん	bin	bottle	瓶	병
ト	ピン	pin	pin	针	핀
ト	ブルブル	buruburu	shivering, shaking	瑟瑟发抖	부들부들
ト	プルプル	purupuru	rubbery	带有弹性，且柔软的样子	탱글탱글
れ	ペラペラ	perapera	(describes talking indiscreetly)	嘴松，讲起来没完没了的样子。	나불나불
れ	ベラベラ	berabera	(describes talking endlessly)	喋喋不休、滔滔不绝	주절주절

れ	ピリピリ	piripiri	(describes the sensation of a hot taste, smarting pain, etc.)	辣呼呼	얼얼
れ	ビリビリ	biribiri	(describes a tingly sensation)	（遭到电击等时）麻酥酥	찌릿찌릿
れ	ピーチ	piichi	peach	桃子	복숭아
れ	ビーチ	biichi	beach	海滩	해변
れ	ポロ	poro	polo shirt	马球衬衫	폴로셔츠
れ	ぼろ	boro	rag	破布	누더기

9

ト	ろく	roku	six	六	육
ト	どく	doku	poison	毒	독
ト	のく	noku	move aside	后退、退出	비키다
ト	かれん	karen	pretty	可怜、可爱	가련
ト	かでん	kaden	home electrical appliance	家电	가전
ト	はな	hana	flower	花	꽃
ト	はら	hara	stomach	肚子	배
れ1	ころも	koromo	batter	（油炸食品等的）面衣	튀김옷
れ1	こども	kodomo	child	孩子	아이
れ1	らいめい	raimei	clap of thunder	雷鸣	천둥소리
れ1	だいめい	daimei	title	题目	제목
れ1	レンタル	rentaru	rental	出租	렌탈
れ1	デンタル	dentaru	dental	牙齿的	덴탈
れ1	らんらん	ranran	glaring (eyes)	眼睛放光	희번득
れ1	だんだん	dandan	gradually	慢慢	점점
れ2	くり	kuri	chestnut	栗子	밤
れ2	くに	kuni	country	国	나라
れ2	エル	eru	L	L	엘
れ2	エヌ	enu	N	N	엔
れ2	まれ	mare	rare	稀少	드묾
れ2	まね	mane	mimicry	模仿	흉내
れ2	ろうりょく	rōryoku	labor, effort	劳动力、费劲	노력
れ2	のうりょく	nōryoku	ability	能力	능력

まとめ2

I	たんご	tango	word	单词	단어
I	だんご	dango	rice dumpling	江米丸子	경단

I	ペット	petto	pet	宠物	애완동물
I	ベッド	beddo	bed	床	침대
I	かがく	kagaku	science	科学	과학
I	ががく	gagaku	gagaku (traditional Japanese music)	雅乐	아악
I	どうろ	dōro	road, street	道路	도로
I	ロード	rōdo	road	道路	로드, 길
II	たいこ	taiko	drum	鼓	큰 북
II	かでん	kaden	home electrical appliance	家电	가전
II	しけん	shiken	examination	考试、测验	시험
II	あまぐり	amaguri	sweet chestnut	糖炒栗子	꿀밤
II	ぶんぼ	bunbo	denominator	分母	분모
II	かべ	kabe	wall	墙壁	벽
II	なみだ	namida	tear	眼泪	눈물
II	かび	kabi	mold	霉	곰팡이
II	パパイヤ	papaiya	papaya	番木瓜	파파야
II	かかく	kakaku	price	价格	가격
III	からだ	karada	body	身体	몸
III	サラダな	saradana	Boston/butter lettuce	生菜	상추
III	ごぶさた	gobusata	long silence	久疏问候	오랜만
III	ビール	biiru	beer	啤酒	맥주
III	かんぱい	kanpai	cheers	干杯	건배
III	アラブ	Arabu	Arab	阿拉伯人	아랍
III	ラクダ	rakuda	camel	骆驼	낙타

10

ト	ちか	chika	underground	地下	지하
ト	しか	shika	dentistry	牙科	치과
ト	はし	hashi	bridge	桥	다리
ト	はち	hachi	eight	八	팔
ト	しりとり	shiritori	last and first	接尾令（日语单词游戏）	끝말잇기
ト	ちりとり	chiritori	dustpan	簸箕	쓰레받기
れ	いち	ichi	position, location	位置	위치
れ	いし	ishi	will, intention	意思	의사
れ	とち	tochi	land	土地	토지
れ	とし	toshi	year	年	년
れ	コーチ	kōchi	coach	教练员	코치
れ	こうし	kōshi	lecturer	讲师	강사

れ	ちてき	chiteki	intellectual	有知识的、智力的	지적
れ	してき	shiteki	poetic	含有诗意的	시적

11

ト	きんぞく	kinzoku	metal	金属	금속
ト	きぞく	kizoku	aristocrat	贵族	귀족
ト	ふんか	funka	eruption	喷火	분화
ト	フカ	fuka	shark	大鲨鱼	상어
ト	しんけん	shinken	serious	认真	진지함
ト	しけん	shiken	examination	考试、测验	시험
れ1	いど	ido	well	水井	우물
れ1	インド	Indo	India	印度	인도
れ1	ぶか	buka	subordinate	部下	부하
れ1	ぶんか	bunka	culture	文化	문화
れ1	ぶちょう	buchō	general manager	部长	부장
れ1	ぶんちょう	bunchō	paddy bird	文鸟	문조
れ1	こい	koi	(romantic) love	恋、恋爱	사랑
れ1	コイン	koin	coin	硬币	동전
れ1	かばん	kaban	bag	提包	가방
れ1	かんばん	kanban	signboard	招牌	간판
れ2	あに	ani	elder brother	哥哥	형, 오빠
れ2	あんい	an'i	easy, easygoing	容易	안이
れ2	きねん	kinen	commemoration	纪念	기념
れ2	きんえん	kin'en	no smoking	禁烟	금연
れ2	ぜに	zeni	money	钱	돈
れ2	ぜんい	zen'i	good intention	好意	선의
れ2	じにん	jinin	resignation	辞职	사임
れ2	じんいん	jin'in	manpower	人员	인원
れ2	かにゅう	kanyū	joining	加入	가입
れ2	かんゆう	kan'yū	bid, soliciting	劝诱	권유

12

ト	ヒョウ	hyō	leopard	豹	표범
ト	ひよう	hiyō	cost	费用	비용
ト	ひゃく	hyaku	one hundred	百	백
ト	ひやく	hiyaku	jump	飞跃	비약
ト	じゆう	jiyū	freedom	自由	자유
ト	じゅう	jū	ten	十	십
れ1	きゃく	kyaku	customer, visitor	客人、顾客	객

れ1	きやく	kiyaku	agreement, rules	章程	규약
れ1	きゅう	kyū	urgent, sudden	急、急迫	급
れ1	きゆう	kiyū	imaginery fears	杞忧	기우
れ1	きょう	kyō	today	今天	오늘
れ1	きよう	kiyō	skillful	手巧	손재주
れ1	りょうし	ryōshi	fisherman	渔民	어부
れ1	りようし	riyōshi	barber, hairdresser	理发师	이용사
れ1	びょういん	byōin	hospital	医院	병원
れ1	びよういん	biyōin	beauty salon	美容院	미용실
れ2	らくご	rakugo	rakugo (traditional Japanese comic monologue)	落语（传统演艺之一，如同中国的单人相声）	라쿠고（혼자서 이야기를 풀어가는 형식의 전통적 예술의 일종）
れ2	りゃくご	ryakugo	abbreviation	略语	약어
れ2	ルー	rū	roux (cooking)	咖哩酱	루
れ2	りゅう	ryū	dragon	龙	용
れ2	くうこう	kūkō	airport	机场	공항
れ2	きゅうこう	kyūkō	express (bus, train, etc.)	急行快车	급행
れ2	コート	kōto	coat	外套	코트
れ2	きょうと	Kyōto	Kyoto	京都	교토
れ2	のうけんさ	nōkensa	head examination	脑检查	뇌검사
れ2	にょうけんさ	nyōkensa	urine examination	验尿	뇨검사

13

ト	すうねん	sūnen	several years	数年	수년
ト	つうねん	tsūnen	full year	整年	연간
ト	ちゅうねん	chūnen	middle age	中年	중년
ト	ついか	tsuika	addition	追加	추가
ト	スイカ	suika	watermelon	西瓜	수박
ト	ちゅうこく	chūkoku	advice	忠告	충고
ト	つうこく	tsūkoku	notice, warning	通告	통고
れ1	つき	tsuki	moon	月	달
れ1	すき	suki	like	喜欢	좋아하다
れ1	つな	tsuna	rope	绳索	밧줄
れ1	すな	suna	sand	砂子	모래
れ1	ばつ	batsu	punishment	惩罚	벌
れ1	バス	basu	bus	公共汽车	버스
れ1	つうがく	tsūgaku	commuting to/ attending school	上学	통학

れ1	すうがく	sūgaku	mathematics	数学	수학
れ2	つうしん	tsūshin	communication	通讯	통신
れ2	ちゅうしん	chūshin	center, focus	中心	중심
れ2	つうか	tsūka	currency	通货	통화
れ2	ちゅうか	chūka	Chinese (food)	中华（料理）	중화（요리）
れ2	いつう	itsū	stomachache	胃疼	위통
れ2	いちゅう	ichū	~ in mind	意中	의중
れ2	むつう	mutsū	painless	无痛	무통
れ2	むちゅう	muchū	being absorbed	入迷	열중

14

ト	すうじ	sūji	figure, number	数字	숫자
ト	しゅうじ	shūji	calligraphy	习字	습자
ト	させん	sasen	demotion	左迁	좌천
ト	しゃせん	shasen	traffic lane	车道	차선
ト	かず	kazu	number	数字	수
ト	かじゅ	kaju	fruit tree	果树	과수
れ1	そうり	sōri	prime minister	总理	총리（대신）
れ1	しょうり	shōri	victory	胜利	승리
れ1	きゅうそく	kyūsoku	rest	休息	휴식
れ1	きゅうしょく	kyūshoku	provided meals	供给伙食	급식
れ1	そうしょく	sōshoku	herbivorous	草食	초식
れ1	しょうしょく	shōshoku	eating little	吃的少	소식
れ2	ザーザー	zāzā	(sound of heavy rain)	哗哗（雨声）	주룩주룩
れ2	ジャージャー	jājā	(sound of something frying)	（炒菜声）	지글지글
れ2	ずこう	zukō	arts and crafts	图画手工课	공작
れ2	じゅこう	jukō	attending a class/lecture	听课	수강
れ2	ぞうか	zōka	increasing	增加	증가
れ2	じょうか	jōka	purification	净化	정화
れ2	ぞうき	zōki	organ	脏器	장기
れ2	じょうき	jōki	steam	蒸气	증기
れ2	しんぞう	shinzō	heart	心脏	심장
れ2	しんじょう	shinjō	principle, faith	信条、信念	신조

まとめ3

I	けっこんしき	kekkonshiki	wedding ceremony	婚礼	결혼식
I	どうろ	dōro	road, street	道路	도로

I	ろんぶん	ronbun	dissertation	论文	논문
I	けんこう	kenkō	health	健康	건강
I	だんらく	danraku	paragraph	段落	단락
I	ぶんしょう	bunshō	sentences, writing	文章	문장
I	ほんやく	hon'yaku	translation	笔译	번역
I	けんさく	kensaku	search	检索	검색
I	ひっきしけん	hikkishiken	written test	笔试	필기시험
I	じっけんけっか	jikkenkekka	result of an experiment	实验结果	실험결과
I	かんじへんかん	kanjihenkan	conversion into Chinese characters	汉字转换	한자변경
I	さんこうぶんけん	sankōbunken	reference materials	参考文献	참고문헌
II	さけちゃづけ	sakechazuke	salmon and rice with green tea poured over it	鲑鱼泡饭	사케챠즈케 (연어살을 발라서 밥 위에 얹어 차를 부어 먹는 음식)
II	やしょく	yashoku	late-evening snack	夜宵	야식
II	つうがくろ	tsūgakuro	school route	上学走的路线	통학로
II	じゅこう	jukō	attending a class/lecture	听课	수강
II	うちゅう	uchū	space, universe	宇宙	우주
II	ざるそば	zarusoba	buckwheat noodles served on a bamboo plate	盛在小笼屉上的荞麦面条	자루소바, 메밀국수
II	ちんたい	chintai	let, rent	出租	임대
II	しゅうしょく	shūshoku	finding employment	就职	취직
II	しようりょう	shiyōryō	amount used	使用量	사용량
II	はっぴょう	happyō	announcement, presentation	发表	발표
III	ちょしゃ	chosha	author	著者	저자
III	しちや	shichiya	pawn shop	当铺	전당포
III	あんしょうばんごう	anshōbangō	personal identification number	密码数字	비밀번호
III	きしょうてんけつ	kishōtenketsu	introduction, development, turn and conclusion	起承转结	기승전결
III	りょうしゅうしょ	ryōshūsho	receipt	收据	영수증

15

ト	にほんご	nihongo	Japanese language	日语	일본어
ト	がっこう	gakkō	school	学校	학교
ト	てんき	tenki	weather	天气	날씨

ト	よほう	yohō	forecast	预报	예보
ト	カップ	kappu	cup	杯子	컵
ト	ラーメン	rāmen	ramen (Chinese noodles in soup)	汤面、拉面	라면
れ	たまご	tamago	egg	鸡蛋	계란
れ	サンド	sando	sandwich	三明治	샌드위치
れ	まど	mado	window	窗	창
れ	ガラス	garasu	glass	玻璃	유리
れ	インド	Indo	India	印度	인도
れ	ぞう	zō	elephant	大象	코끼리
れ	コーヒー	kōhii	coffee	咖啡	커피
れ	ぎゅうにゅう	gyūnyū	milk	牛奶	우유
れ	デジタル	dejitaru	digital	数码、数字	디지털
れ	カメラ	kamera	camera	照相机	카메라
れ	けいざい	keizai	economics, economy	经济	경제
れ	がくぶ	gakubu	department, faculty	系	학부
れ	ノート	nōto	note, notebook	笔记本	공책
れ	パソコン	pasokon	personal computer	电脑	컴퓨터
れ	がくせい	gakusei	student	学生	학생
れ	ホール	hōru	hall	大厅、礼堂	홀
れ	ジャム	jamu	jam	果酱	잼
れ	パン	pan	bread	面包	빵
れ	りょうり	ryōri	cooking	烹饪	요리
れ	ばんぐみ	bangumi	program	电视节目	프로그램

16

ト	ピカピカ	pikapika	shining, sparkling	闪闪发亮	번쩍번쩍
ト	しかく	shikaku	square	方形	사각
れ	くすり	kusuri	medicine, drug	药	약
れ	ふく	fuku	clothes	衣服	옷
れ	くさ	kusa	grass	草	풀
れ	つき	tsuki	moon	月	달
れ	スキー	sukii	skiing	滑雪	스키
れ	ひかる	hikaru	shine	发光	빛나다

まとめ4

Ⅰ	しゃちょう	shachō	(company) president	社长、总经理	사장
Ⅰ	しょちょう	shochō	director	所长	소장
Ⅰ	しょうり	shōri	victory	胜利	승리

I	しゅうり	shūri	repair	修理	수리
I	かいしゅう	kaishū	collection, recovery	回收	회수
I	かいじゅう	kaijū	monster	怪兽	괴수
I	いしゅう	ishū	nasty smell	臭气、异臭	이상한 냄새
I	いっしゅう	isshū	(going) around	一周	일주
I	いっしゅん	isshun	an instant	一瞬間	순간
I	いしょ	isho	note left behind by a dead person	遗书	유서
I	いっしょう	isshō	lifetime	一生	일생
II	あけましておめでとう	akemashite omedetō	Happy New Year	新年好	새해 복 많이 받으세요
II	ローズヒップティー	rōzuhipputii	rosehip tea	玫瑰果茶	로즈힙 차
II	すいぞくかん	suizokukan	aquarium	水族馆	수족관
II	ウーパールーパー	ūpārūpā	axolotl	美洲小蝾螈	우파루파
II	しっちゃかめっちゃか	shicchakamecchaka	total mess	散乱无章	엉망진창
III	たばこ	tabako	tobacco, cigarette	香烟	담배
III	たらこ	tarako	cod roe	咸鳕鱼子	명란
III	やきそば	yakisoba	yakisoba (fried Chinese noodles)	炒面	야끼소바, 볶음국수
III	やきさば	yakisaba	grilled chub mackerel	烤青花鱼	고등어구이
III	ハブいり	habuiri	containing habu (pit-viper)	放有饭匙倩（蛇）	뱀이 들어 있는
III	ハーブいり	hābuiri	containing herbs	放有香草	약초가 들어 있는
III	びょういん	byōin	hospital	医院	병원
III	びよういん	biyōin	beauty salon	美容院	미용실

著者
宮本典以子（みやもと　ていこ）
東京学芸大学留学生センター、法政大学非常勤講師。
ヒューマンアカデミー日本語教師養成講座講師。
一般社団法人日本フォルケ ホイスコーレ協会代表理事。

大﨑伸城（おおさき　のぶしろ）
創価大学日本語・日本文化教育センター非常勤講師
東京工科大学学修支援センター演習講師（サウジアラビア王国政府派遣留学生対象日本語教育）

翻訳
英語　Nicholas McNeill
中国語　徐前
韓国語　姜瑢嬉

イラスト
Osaki Mitsuko

装丁・本文デザイン
梅津由子

CD吹き込み
蒼井里紗
北大輔

5分でできる　にほんご　音の聞きわけトレーニング

2011年10月 5日　初版第1刷発行
2025年 4月22日　 第 6 刷 発 行

著　者　宮本典以子　大﨑伸城
発行者　藤嵜政子
発　行　株式会社　スリーエーネットワーク
　　　　〒102-0083　東京都千代田区麹町3丁目4番
　　　　トラスティ麹町ビル2F
　　　　電話　営業　03（5275）2722
　　　　　　　編集　03（5275）2725
　　　　https://www.3anet.co.jp/
印　刷　三美印刷株式会社

ISBN978-4-88319-581-7　C0081
落丁・乱丁本はお取替えいたします。
本書の全部または一部を無断で複写複製（コピー）することは著作権法上での例外を除き、禁じられています。

別冊

5分でできる
にほんご
音の聞きわけトレーニング

答えとスクリプト

スリーエーネットワーク

はじめるまえに

れんしゅう2
II. 1. 3　　2. 4　　3. 3　　4. 4　　5. 5
　　6. 4　　7. 4　　8. 6

1

れんしゅう1
I. 1. う u（ふゆ fuyu）　2. い i（いき iki）　3. え e（でれでれ deredere）
　　4. お o（こころ kokoro）　5. あ a（さかな sakana）
II. 1. かわいい（かさ）だね。Kawaii (kasa) da ne.
　　2.（そと）でたべましょう。(Soto) de tabemashō.
　　3. はやく（て）をあらっておいで。Hayaku (te) o aratte oide.
　　4. いぬみたいな（みみ）ですね。Inu mitaina (mimi) desu ne.
　　5. そんな（うるうる）しためでみないで。Sonna (uruuru) shita me de minai de.

れんしゅう2
I. 1.（3）いえ ie　　（2）うえ ue　　（1）えい ei
　　2.（2）えい ei　　（3）おい oi　　（1）あい ai
　　3.（2）かい kai　　（1）こえ koe　　（3）かお kao
II. 1.（こえ）がきれいですね。(Koe) ga kirei desu ne.
　　2. きのうの（きおく）がありません。Kinō no (kioku) ga arimasen.
　　3. ダンスが（とくい）です。Dansu ga (tokui) desu.
　　4. つくえの（うえ）にねこがいる。Tsukue no (ue) ni neko ga iru.
　　5. ああ、おわった。（いえ）にかえろう。Ā, owatta. (Ie) ni kaerō.

2

れんしゅう
I. 1. えま ema　　a いま ima　　ⓑ えま ema　　c いま ima
　　2. いき iki　　ⓐ いき iki　　b えき eki　　c えき eki
　　3. かみ kami　　a かめ kame　　b かめ kame　　ⓒ かみ kami
　　4. ペンチ penchi　　a ピンチ pinchi　　b ピンチ pinchi
　　　　ⓒ ペンチ penchi
II. 1. とりあえず、（いま）はいらない。Toriaezu, (ima) wa iranai.
　　2. ああ、（かめ）はどこにいるんだ。Ā, (kame) wa doko ni irun da.
　　3. あ、（ピンチ）！わすれてた。A, (pinchi)! Wasureteta.
　　4. あさのゆきで、（えき）がまっしろ。Asa no yuki de, (eki) ga masshiro.

5. すみません。(あみ)、もってませんか。
　　Sumimasen. (Ami), mottemasen ka.

3

れんしゅう

I．
1. ぼき boki　　ⓐ ぼき boki　　b ぶき buki　　c ぶき buki
2. すり suri　　a そり sori　　ⓑ すり suri　　c そり sori
3. ぬりもの nurimono　　a のりもの norimono　　b のりもの norimono
　　ⓒ ぬりもの nurimono
4. いっぷん ippun　　a いっぽん ippon　　ⓑ いっぷん ippun
　　c いっぽん ippon

II．
1. あしたははやいから、もう（ねる）。Ashita wa hayai kara, mō (neru).
2. しゅみは（のりもの）のしゃしんをとることです。
　　Shumi wa (norimono) no shashin o toru koto desu.
3. としょかんで（ぶき）のほんをかりてきて。
　　Toshokan de (buki) no hon o karite kite.
4. でんしゃ（いっぽん）おくれました。Densha (ippon) okuremashita.
5. あのひとは（そり）のめいじんらしいよ。
　　Ano hito wa (sori) no meijin rashii yo.

4

れんしゅう1

I．
1. こと koto　　a コート kōto　　ⓑ こと koto　　c コート kōto
2. アート āto　　ⓐ アート āto　　b あと ato　　c あと ato
3. かどう kadō　　a かど kado　　b かど kado　　ⓒ かどう kadō
4. チーズ chiizu　　a ちず chizu　　ⓑ チーズ chiizu　　c ちず chizu

II．
1. あの（あと）、どこいった？ Ano (ato), doko itta?
2. このへんにひろい（へいや）はありません。
　　Kono hen ni hiroi (heiya) wa arimasen.
3. あそこの（かど）のきょうしつはゆうめいです。
　　Asoko no (kado) no kyōshitsu wa yūmei desu.
4. この（コート）は、かんこくでかいました。
　　Kono (kōto) wa, Kankoku de kaimashita.
5. この（ちず）、かびてる。Kono (chizu), kabiteru.

れんしゅう2

I.
1. ス ( ) タ (ー) ト ( )　　　　　　su tā to
2. ピ (ー) マ ( ) ン ( )　　　　　　pii ma n
3. コ (ー) ヒ (ー)　　　　　　　　　kō hii
4. サ ( ) ッ ( ) カ (ー)　　　　　　sa kkā
5. ガ ( ) ラ ( ) ス ( )　　　　　　ga ra su
6. ア ( ) パ (ー) ト ( )　　　　　　a pā to
7. バ (ー) コ (ー) ド ( )　　　　　bā kō do
8. ス ( ) カ ( ) イ ( ) ツ ( ) リ (ー)　Su ka i tsu rii
9. コ ( ) ピ (ー)　　　　　　　　　ko pii
10. ベ ( ) ビ (ー) カ (ー)　　　　　be bii kā

II.
1. (せんせい)、しつもんがあります。(Sensei), shitsumon ga arimasu.
2. まいにち (とうふ) をたべています。Mainichi (tōfu) o tabete imasu.
3. あるところに (きれいな) おねえさんがいました。
   Aru tokoro ni (kireina) onēsan ga imashita.
4. あしたの (こうぎ) はおやすみです。Ashita no (kōgi) wa oyasumi desu.
5. あした (えいが) をみにいきませんか。Ashita (eiga) o mi ni ikimasen ka.

5

れんしゅう1

I. 1. a　おと oto　　2. b　がっか gakka　　3. b　かっこ kakko
   4. a　しかく shikaku

II.
1. (かこ) になにがありましたか。(Kako) ni nani ga arimashita ka.
2. (おっと) がうるさいんです。(Otto) ga urusain desu.
3. どの (がか) がいいかな。Dono (gaka) ga ii kana.
4. ばくはつする！ はやく (きて) ください。
   Bakuhatsu suru! Hayaku (kite) kudasai.
5. うちのちちが、あれは (しっかく) だといっていました。
   Uchi no chichi ga, are wa (shikkaku) da to itte imashita.

れんしゅう2

I.
1. あ ( ) さ (っ) て　　　　　a ( ) sa (t) te
2. ゆ (っ) く ( ) り　　　　　yu (k) ku ( ) ri
3. た (っ) ぷ ( ) り　　　　　ta (p) pu ( ) ri
4. ロ ( ) ボ (ッ) ト　　　　　ro ( ) bo (t) to
5. ト ( ) ラ (ッ) ク　　　　　to ( ) ra (k) ku

6. り（っ）ぱ（ ）な　　　　ri (p) pa ( ) na
7. ほ（っ）か（ ）ほ（っ）か　ho (k) ka ( ) ho (k) ka
8. あ（っ）ち（ ）こ（っ）ち　a (c) chi ( ) ko (c) chi
9. す（っ）と（ ）こ（ ）ど（っ）こ（ ）い
   su (t) to ( ) ko ( ) do (k) ko ( ) i
10. コ（ ）ロ（ッ）ケ　　　　ko ( ) ro (k) ke

II. 1. めずらしいりょうりは（とくに）ありません。
   Mezurashii ryōri wa (tokuni) arimasen.
2. これがさいごの（じけん）です。Kore ga saigo no (jiken) desu.
3. このきょくのタイトルは（げっこう）です。
   Kono kyoku no taitoru wa (gekkō) desu.
4. （よか）になにをしたらいいんだろう。(Yoka) ni nani wo shitara iin darō.
5. （キッズ）ようのばんそうこうです。(Kizzu) yō no bansōko desu.

まとめ1

I. 1. コ（ー）ヒ（ー）ゼ（ ）リ（ー）　　　kō ( ) hi (i) ze ( ) ri (i)
2. カ（ッ）プ（ ）ラ（ー）メ（ ）ン（ ）
   ka (p) pu ( ) rā ( ) me ( ) n ( )
3. ガ（ー）リ（ッ）ク（ ）ト（ー）ス（ ）ト（ ）
   gā ( ) ri (k) ku ( ) tō ( ) su ( ) to ( )
4. ス（ー）プ（ ）セ（ッ）ト（ ）　　sū ( ) pu ( ) se (t) to ( )
5. ハ（ ）ン（ ）バ（ー）ガ（ー）　　ha ( ) n ( ) bā ( ) gā ( )
6. ハ（ ）ン（ ）バ（ー）グ（ ）　　ha ( ) n ( ) bā ( ) gu ( )
7. ア（ッ）プ（ ）ル（ ）ティ（ー）　a (p) pu ( ) ru ( ) ti (i)

II. 1. そ（う）じ（ ）　　　　sō ( ) ji ( )
2. け（い）こ（う）と（う）　ke (i) kō ( ) tō ( )
3. な（っ）と（う）　　　　　na (t) tō ( )
4. ご（う）か（ ）く（ ）　　gō ( ) ka ( ) ku ( )
5. そ（う）ご（う）が（っ）か　sō ( ) gō ( ) ga (k) ka
6. こ（う）と（う）が（っ）こ（う）　kō ( ) tō ( ) ga (k) kō ( )

III. 1. (3) かち kachi　　　(1) きち kichi　　　(2) けち kechi
2. (1) すり suri　　　(3) そり sori　　　(2) そうり sōri
3. (2) ねこ neko　　　(1) にこ niko　　　(3) にく niku
4. (1) とちょう tochō　(2) てちょう techō　(3) ていちょう teichō
5. (2) ニット nitto　　(3) ネット netto　　(1) ニート niito

IV. 1. がっこうは、（たいふう）でおやすみになりました。
　　　Gakkō wa, (taifū) de oyasumi ni narimashita.
　　2. えいがかんではやっぱり（ポップコーン）でしょう。
　　　Eigakan de wa yappari (poppukōn) deshō.
　　3. ピンクの（けいたい）、（かわいい）ですね。
　　　Pinku no (keitai), (kawaii) desu ne.
　　4. こんどの（ワールドカップ）はどこですか。
　　　Kondo no (wārudokappu) wa doko desu ka.
　　5. （おさき）に（しつれい）します。(Osaki) ni (shitsurei) shimasu.

6
れんしゅう
I. 1. a　かっこう kakkō　　2. a　かき kaki　　3. a　くらくら kurakura
　　4. b　タイご taigo
II. 1. （かぎ）のかたちのキーホルダーしらない？
　　　(Kagi) no katachi no kiihorudā shiranai?
　　2. たかいところは（ぐらぐら）する。Takai tokoro wa (guragura) suru.
　　3. （たいこ）をならってみたいです。(Taiko) o naratte mitai desu.
　　4. まくを（あげる）じかんです。Maku o (ageru) jikan desu.
　　5. とてもいい（がっこう）ですね。Totemo ii (gakkō) desu ne.

7
れんしゅう
I. 1. b　えど edo　　2. a　けんとう kentō　　3. b　だんご dango
　　4. b　ふだ fuda
II. 1. もうすこし（けんどう）がひつようです。Mō sukoshi (kendō) ga hitsuyō desu.
　　2. （えと）ってだれがつくったの？　(Eto) tte dare ga tsukutta no?
　　3. あ、（ふた）がとれてる。A, (futa) ga toreteru.
　　4. この（たんご）、みたことありますか。Kono (tango), mita koto arimasu ka.
　　5. あれ、（でんき）がかわったね。Are, (denki) ga kawatta ne.

8
れんしゅう
I. 1. a　バリ Bari　　ⓑ　パリ Pari　　c　バリ Bari
　　2. a　バリ Bari　　b　バリ Bari　　ⓒ　パリ Pari

3. ⓐ ピリピリ piripiri　　b　ビリビリ biribiri　　c　ビリビリ biribiri
4. a　ビリビリ biribiri　　ⓑ ピリピリ piripiri　　c　ビリビリ biribiri

II. 1. コンセントにさわったら、てが（ビリビリ）した。
　　　Konsento ni sawattara, te ga (biribiri) shita.
　2. ひみつなのに、そんなに（ペラペラ）しゃべっていいの？
　　　Himitsu na noni, sonna ni (perapera) shabette ii no?
　3. このあかい（ポロ）すてていい？　Kono akai (poro) sutete ii?
　4. ことしのなつは（バリ）にいきたいな。Kotoshi no natsu wa (Bari) ni ikitai na.
　5. （ビーチ）でジュースをつくりました。(Biichi) de jūsu o tsukurimashita.

9

れんしゅう1

I. 1. こども kodomo　　a　ころも koromo　　b　ころも koromo
　　　ⓒ こども kodomo
　2. らいめい raimei　　ⓐ らいめい raimei　　b　だいめい daimei
　　　ⓒ らいめい raimei
　3. デンタル dentaru　　ⓐ デンタル dentaru　　b　レンタル rentaru
　　　c　レンタル rentaru
　4. らんらん ranran　　a　だんだん dandan　　b　だんだん dandan
　　　ⓒ らんらん ranran

II. 1. なんだか、おそろしい（だいめい）ですね。
　　　Nandaka, osoroshii (daimei) desu ne.
　2. めに（だんだん）と、ひかりがでてきました。
　　　Me ni (dandan) to, hikari ga dete kimashita.
　3. さいきん（レンタル）オフィスがふえましたね。
　　　Saikin (rentaru) ofisu ga fuemashita ne.
　4. わたしは（ころも）がすきです。Watashi wa (koromo) ga suki desu.
　5. これとこれをたすと（ろく）になります。
　　　Kore to kore o tasu to (roku) ni narimasu.

れんしゅう2

I. 1. くに kuni　　ⓐ くに kuni　　b　くり kuri　　c　くり kuri
　2. エル eru　　a　エヌ enu　　b　エヌ enu　　ⓒ エル eru
　3. まね mane　　a　まれ mare　　ⓑ まね mane　　c　まれ mare
　4. ろうりょく rōryoku　　a　のうりょく nōryoku　　b　のうりょく nōryoku
　　　ⓒ ろうりょく rōryoku

II. 1. やまださん、おおきな（はら）ですね。Yamada-san, ōkina (hara) desu ne.
2. その（くり）、どこにあったの？ Sono (kuri), doko ni atta no?
3. なまえのはじめのもじは（エヌ）ですね。
    Namae no hajime no moji wa (enu) desu ne.
4. ひろしさんのげいでおもしろいのは（まれ）です。
    Hiroshi-san no gei de omoshiroi no wa (mare) desu.
5. このしごとには（のうりょく）はいらない。
    Kono shigoto ni wa (nōryoku) wa iranai.

まとめ2

I. 1. (1) (a) (b)　　ペット petto、ベッド beddo
       (2) (b) (a)　　ベッド beddo、ペット petto
       (3) (a) (a)　　ペット petto、ペット petto
   2. (1) (b) (a)　　ががく gagaku、かがく kagaku
       (2) (a) (b)　　かがく kagaku、ががく gagaku
       (3) (b) (a)　　ががく gagaku、かがく kagaku
   3. (1) (a) (b)　　どうろ dōro、ロード rōdo
       (2) (b) (b)　　ロード rōdo、ロード rōdo
       (3) (b) (a)　　ロード rōdo、どうろ dōro

II. 1. (た) いこ (ta) iko　　2. か (で) ん ka (de) n
    3. し (け) ん shi (ke) n　　4. あま (ぐ) り ama (gu) ri
    5. (ぶ) ん (ぼ) (bu) n (bo)　　6. か (べ) ka (be)
    7. (な) み (だ) (na) mi (da)　　8. か (び) ka (bi)
    9. (パ) (パ) イヤ (pa) (pa) iya　　10. (か) (か) (く) (ka) (ka) (ku)

III. 1. かぜで（からだ）がいたい。Kaze de (karada) ga itai.
    2. （サラダな）をかってきてください。(Saradana) o katte kite kudasai.
    3. せんせい、（ごぶさた）しています。Sensei, (gobusata) shite imasu.
    4. とりあえず、（ビール）で（かんぱい）。Toriaezu, (biiru) de (kanpai).
    5. （アラブ）のさばくで（ラクダ）にのった。
        (Arabu) no sabaku de (rakuda) ni notta.

10

れんしゅう

I. 1. b こうし kōshi　　2. b いし ishi　　3. a ちりとり chiritori
   4. b とし toshi

II. 1. この（とち）、ぶどうのできがよくないな。
　　　 Kono (tochi), budō no deki ga yokunai na.
　　2. （しりとり）は、とりではありません。(Shiritori) wa, tori dewa arimasen.
　　3. あたらしい（コーチ）がしこくからきた。
　　　 Atarashii (kōchi) ga Shikoku kara kita.
　　4. メールでこちらの（いち）をつたえた。Mēru de kochira no (ichi) o tsutaeta.
　　5. シンさんのぶんしょうって、（ちてき）ですよね。
　　　 Shin-san no bunshōtte, (chiteki) desu yo ne.

11

れんしゅう1
I. 1. かばん kaban　　a　かんばん kanban　　b　かんばん kanban
　　　 ⓒ　かばん kaban
　　2. いど ido　　ⓐ　いど ido　　b　インド Indo　　c　インド Indo
　　3. ぶちょう buchō　　a　ぶんちょう bunchō　　ⓑ　ぶちょう buchō
　　　 c　ぶんちょう bunchō
　　4. ぶんか bunka　　ⓐ　ぶんか bunka　　b　ぶか buka　　ⓒ　ぶんか bunka
II. 1. あの（かんばん）めだつね。Ano (kanban) medatsu ne.
　　2. ひとつひとつの（こい）におもいでがあります。
　　　 Hitotsu hitotsu no (koi) ni omoide ga arimasu.
　　3. あたらしい（ぶか）になれなくてこまっています。
　　　 Atarashii (buka) ni narenakute komatte imasu.
　　4. うちの（ぶんちょう）は、あたまがいいですよ。
　　　 Uchi no (bunchō) wa, atama ga ii desu yo.
　　5. じつは（インド）でみずあびしていました。
　　　 Jitsu wa (Indo) de mizuabi shite imashita.

れんしゅう2
I. 1. きんえん kin'en　　ⓐ　きんえん kin'en　　b　きねん kinen　　c　きねん kinen
　　2. ぜんい zen'i　　a　ぜに zeni　　ⓑ　ぜんい zen'i　　ⓒ　ぜんい zen'i
　　3. じんいん jin'in　　a　じにん jinin　　b　じにん jinin　　ⓒ　じんいん jin'in
　　4. かにゅう kanyū　　ⓐ　かにゅう kanyū　　ⓑ　かにゅう kanyū
　　　 c　かんゆう kan'yū
II. 1. つぎのきんようびは（きねん）のひです。
　　　 Tsugi no kinyōbi wa (kinen) no hi desu.

2. やまざきさんが、きのう（かんゆう）していたよ。
   Yamazaki-san ga, kinō (kan'yū) shite ita yo.
3. さいきん、（ぜに）ってことばきかないよね。
   Saikin, (zeni) tte kotoba kikanai yo ne.
4. またおかねでかいけつか、なんて（あんい）だ。
   Mata okane de kaiketsu ka, nante (an'i) da.
5. やっと（じにん）がきまったようです。Yatto (jinin) ga kimatta yō desu.

12

れんしゅう1
I. 1. b　きやく kiyaku　2. a　りょうし ryōshi　3. a　きゅう kyū
   4. a　きょう kyō
II. 1. わたしのりょうしんは（りようし）です。
   Watashi no ryōshin wa (riyōshi) desu.
   2. あたらしいバイトさんは（きよう）ですか。
   Atarashii baito-san wa (kiyō) desu ka.
   3. あそこにみえるピンクの（びょういん）のよこです。
   Asoko ni mieru pinku no (byōin) no yoko desu.
   4. こんどの（きゃく）はうるさいですね。Kondo no (kyaku) wa urusai desu ne.
   5. りょうしんのりこんは（きゆう）だった。Ryōshin no rikon wa (kiyū) datta.

れんしゅう2
I. 1. b　りゅう ryū　2. a　くうこう kūkō　3. b　きょうと Kyōto
   4. b　にょうけんさ nyōkensa
II. 1. この（ルー）のいろ、ちょっとかわってますね。
   Kono (rū) no iro, chotto kawattemasu ne.
   2. なりたから（きゅうこう）のでんしゃにのる。
   Narita kara (kyūkō) no densha ni noru.
   3. （りゃくご）っておもしろいねえ。(Ryakugo) tte omoshiroi nē.
   4. （のうけんさ）のけっかがしんぱいです。
   (Nōkensa) no kekka ga shinpai desu.
   5. らいしゅうごうは、（コート）とくしゅうです。
   Raishūgō wa, (kōto) tokushū desu.

13

れんしゅう1

I. 1．b　すな suna　　2．b　バス basu　　3．b　スイカ suika
　　4．b　すうがく sūgaku

II. 1．ここにあった（つな）、なくなったんですね。
　　　Koko ni atta (tsuna), nakunattan desu ne.
　　2．（ばつ）で、グラウンドいっしゅう！　(Batsu) de, guraundo isshū!
　　3．まいにち2じかん（つうがく）ですか。たいへんですね。
　　　Mainichi 2 jikan (tsūgaku) desu ka. Taihen desu ne.
　　4．（ついか）のアイス、おまたせしました。
　　　(Tsuika) no aisu, omatase shimashita.
　　5．はじめから（すき）だとおもっていました。
　　　Hajime kara (suki) da to omotte imashita.

れんしゅう2

I. 1．b　ちゅうか chūka　　2．b　いちゅう ichū　　3．a　むつう mutsū
　　4．a　つうねん tsūnen

II. 1．（いつう）のひとに、このくすりをのませてください。
　　　(Itsū) no hito ni, kono kusuri o nomasete kudasai.
　　2．あたらしい（つうしん）しせつがかんせいしました。
　　　Atarashii (tsūshin) shisetsu ga kansei shimashita.
　　3．こんど（ちゅうねん）のせんせいがくるって。
　　　Kondo (chūnen) no sensei ga kurutte.
　　4．こんな（つうか）もあったんですね。
　　　Konna (tsūka) mo attan desu ne.
　　5．あのはいしゃさん、（むちゅう）でちりょうしてくれたよ。
　　　Ano haisha-san, (muchū) de chiryō shite kureta yo.

14

れんしゅう1

I. 1．a　そうり Sōri　　2．a　すうじ sūji　　3．b　きゅうしょく Kyūshoku
　　4．b　しょうしょく Shōshoku

II. 1．うちのおじいちゃんは、（しゅうじ）がにがてです。
　　　Uchi no ojiichan wa, (shūji) ga nigate desu.
　　2．しゃちょうには（きゅうそく）がひつようです。
　　　Shachō ni wa (kyūsoku) ga hitsuyō desu.

3．この1ねん（しょうり）をめざしてがんばってきました。
　　Kono 1 nen (shōri) o mezashite ganbatte kimashita.
4．きりんは（そうしょく）らしいですよ。Kirin wa (sōshoku) rashii desu yo.
5．100ねんごのしゃかいには（しゃせん）がなくなるらしいよ。
　　100 nengo no shakai ni wa (shasen) ga nakunaru rashii yo.

れんしゅう2
I．1．b　じょうき jōki　　2．a　ずこう Zukō　　3．a　ぞうか zōka
　　4．b　しんじょう shinjō
II．1．あしたはびじゅつきょうしつで（じゅこう）だ。
　　　Ashita wa bijutsukyōshitsu de (jukō) da.
　2．にっこうで（じょうか）するシステムをかいはつしました。
　　　Nikkō de (jōka) suru shisutemu o kaihatsu shimashita.
　3．この（ぞうき）、もんだいがありますね。Kono (zōki), mondai ga arimasu ne.
　4．わたしの（しんぞう）はけんこうです。Watashi no (shinzō) wa kenkō desu.
　5．（ザーザー）すごいおとがする。(Zāzā) sugoi oto ga suru.

まとめ3

I．1．ろ（ん）ぶ（ん）　　　　　　　　ro (n) bu (n)
　2．け（ん）こ（う）　　　　　　　　ke (n) kō ( )
　3．だ（ん）ら（ ）く（ ）　　　　　da (n) ra ( ) ku ( )
　4．ぶ（ん）しょ（う）　　　　　　　bu (n) shō ( )
　5．ほ（ん）や（ ）く（ ）　　　　　ho (n) ya ( ) ku ( )
　6．け（ん）さ（ ）く（ ）　　　　　ke (n) sa ( ) ku ( )
　7．ひ（っ）き（ ）し（ ）け（ん）　hi (k) ki ( ) shi ( ) ke (n)
　8．じ（っ）け（ん）け（っ）か（ ）　ji (k) ke (n) ke (k) ka ( )
　9．か（ん）じ（ ）へ（ん）か（ん）　ka (n) ji ( ) he (n) ka (n)
　10．さ（ん）こ（う）ぶ（ん）け（ん）sa (n) kō ( ) bu (n) ke (n)
II．1．（さ）け（ちゃ）づけ　　　　　(sa) ke (cha) zuke
　2．や（しょ）く　　　　　　　　　　ya (sho) ku
　3．（つう）がくろ　　　　　　　　　(tsū) gakuro
　4．（じゅ）こう　　　　　　　　　　(ju) kō
　5．う（ちゅう）　　　　　　　　　　u (chū)
　6．（ざ）る（そ）ば　　　　　　　　(za) ru (so) ba
　7．（ち）んたい　　　　　　　　　　(chi) ntai

12　　まとめ3

8. （しゅうしょ）く　　　　　（ shūsho ）ku
9. しよう（りょう）　　　　shiyō（ ryō ）
10. （はっぴょう）　　　　　（ happyō ）

III. 1. （ちょしゃ）のなまえでけんさくできます。
(Chosha) no namae de kensaku dekimasu.
2. このバッグは（しちや）でかいました。
Kono baggu wa (shichiya) de kaimashita.
3. （あんしょうばんごう）をわすれました。
(Anshōbangō) o wasuremashita.
4. しょうろんぶんのこうせいは、（きしょうてんけつ）です。
Shōronbun no kōsei wa, (kishōtenketsu) desu.
5. （りょうしゅうしょ）ください。(Ryōshūsho) kudasai.

15

れんしゅう
I. 1.　2　りょうり、ばんぐみ ryōri, bangumi
2.　1　りょうりばんぐみ ryōri-bangumi
3.　1　けいざいがくぶ keizai-gakubu
4.　2　けいざい、がくぶ keizai, gakubu
5.　2　たまご、サンド tamago, sando
6.　1　たまごサンド tamago-sando
7.　2　まど、ガラス mado, garasu
8.　1　まどガラス mado-garasu
9.　1　コーヒーぎゅうにゅう kōhii-gyūnyū
10.　2　コーヒー、ぎゅうにゅう kōhii, gyūnyū

16

れんしゅう
I. 1. わたしはきくちともうし（ます）。Watashi wa Kikuchi to mōshi (masu).
2. はやめに（くすり）をのんだほうがいいよ。
Hayame ni (kusuri) o nonda hō ga ii yo.
3. あの（ピカピカ）してるの、なに？　Ano (pikapika) shiteru no, nani?
4. え、ことしは（スキー）にいけなかったんですか。
E, kotoshi wa (sukii) ni ikenakattan desu ka.

5. (つき) がきれいですね。でも、あなたはもっときれいですよ。
   (Tsuki) ga kirei desu ne. Demo, anata wa motto kirei desu yo.
6. きょうはしゃちょうのおごり（です）。Kyō wa shachō no ogori (desu).
7. にんじゃのスパイかつどうは（くさ）とよばれていました。
   Ninja no supaikatsudō wa (kusa) to yobarete imashita.
8. その（ふく）はどこでかったの？　Sono (fuku) wa doko de katta no?
9. つぎは（しかく）にきってください。Tsugi wa (shikaku) ni kitte kudasai.

まとめ4

I. 1. a　しょうり shōri　　2. b　かいじゅう kaijū　　3. b　いっしゅう isshū
   4. a　いっしゅう isshū　　5. b　いっしょ issho

II. 1. あ、せんぱい、（あけましておめでとう）ございます。
      A, senpai, (akemashite omedetō) gozaimasu.
   2. すみません、（ローズヒップティー）をもういっぱい。
      Sumimasen, (rōzuhipputii) o mō ippai.
   3. ここの（すいぞくかん）のめだまはにんぎょらしいよ。
      Koko no (suizokukan) no medama wa ningyo rashii yo.
   4. え、（ウーパールーパー）のからあげ？
      E, (ūpārūpā) no karaage?
   5. きんちょうして、スピーチが（しっちゃかめっちゃか）でした。
      Kinchō shite, supiichi ga (shicchakamecchaka) deshita.

III. 1. a　やきさば yakisaba
      F：いらっしゃいませ。　　　　　　F：Irasshaimase.
      M：えっと、きょうの　　　　　　　M：Etto, kyō no
        ていしょくってなんですか。　　　　teishokutte nan desu ka.
      F：きょうは、やきさばです。　　　　F：Kyō wa, yakisaba desu.
      M：ふうん、やきさば。　　　　　　M：Fūn, yakisaba.
        じゃ、それおねがいします。　　　　Ja, sore onegai shimasu.
   2. a　ハブいり habuiri
      F：はい、これ、　　　　　　　　　F：Hai, kore,
        おきなわのおみやげ。　　　　　　　Okinawa no omiyage.
      M：ありがとう！　なんですか。　　　M：Arigatō! Nan desu ka.
      F：おさけ。ハブいり。　　　　　　　F：Osake. Habuiri.
      M：おお、ハブいり。　　　　　　　　M：Ō, habuiri.
      F：けんこうにいいよ。　　　　　　　F：Kenkō ni ii yo.

3. a びょういん byōin

M：あのさあ。 　　　　　　M : Ano sā.
F：うん。 　　　　　　　　F : Un.
M：ほんとにきるの？ 　　　M : Honto ni kiru no?
F：うん。びょういん、 　　F : Un. Byōin,
　　あしたよやくしてる。 　　　ashita yoyaku shiteru.
M：どこのびょういん？ 　　M : Doko no byōin?
F：こないだいったとこ。 　F : Konaida itta toko.